JACQUES MARTIN
SE RACONTE

Conversations avec André Coutin

JACQUES MARTIN
SE RACONTE

FLORENT MASSOT

ISBN : 978-2-916-54624-7

Introduction

Dans les années quatre-vingt, je dirigeais une collection, « À jeu découvert », ouverte aux artistes et créateurs, indépendants sinon rebelles et inclassables, ayant un violent désir de connaître l'aventure de l'expression écrite pour aller au bout d'eux-mêmes. Les ouvrages se suivaient et ne se ressemblaient pas.

Je proposai à Jacques Martin de tenter l'expérience face à lui-même, la main sur la page blanche. Il commença par esquiver. « Ma biographie, je consens à l'écrire à la seule condition de ne pas raconter ma vie. “Je suis né à… le…” non merci. Ce linéaire m'intéresse d'autant moins que mon kilomètre parcouru est un labyrinthe privé, au secret duquel un docteur “J'abuse” s'amuse dans un laboratoire d'apocalypse joyeuse. »

Je découvris sa bibliothèque, sa « chambre d'amis ». Ils étaient là sur des rayons pour nourrir son esprit et aiguiser sa langue. En place avancée, la littérature des « mal élevés ». De Rabelais à San Antonio, ils répondaient à son appel, Swift, Thackeray, Twain, Jarry, Ionesco, Vialatte, humoristes, pamphlétaires, satiristes de tous les temps. Mais en arrière-plan, les grands poètes épiques, prêts à intervenir à chaque détour de sa conversation.

Nous eûmes ainsi des entretiens fleuves. Nos rencontres duraient des heures, comme autant de marathons dans ses labyrinthes.

Il avait des passages à vide mais trouvait les mots et l'ironie pour les traduire, alternant avec des fulgurances, des improvisations superbes. Je le laissais soliloquer, il me semblait en retirer le bénéfice d'une autoanalyse. Tout fut noté et enregistré.

Un an après sa disparition, je crois utile à sa mémoire de publier l'essentiel de ces entretiens restés inédits. La maladie et la mort ne l'ont pas laissé accomplir son rêve d'écrire les nouvelles dont il me lisait les débuts. Il n'avait jamais été au-delà de l'incipit. Mais c'étaient autant de promesses que sa plume, une fois libérée, aurait le talent de tenir.

Le destin ne lui a pas permis d'en faire la preuve. Il reste le ton et l'éclat de ces confidences, des impromptus qui lèvent le voile sur sa face secrète, sur l'autre Jacques. Celui que le succès médiatique a masqué mais qui ressourçait l'homme public et l'aidait à ne pas perdre son âme.

Nos entretiens ont aiguisé le rêve de ce perpétuel angoissé et frustré qui ambitionnait en son for intérieur de faire partie de la famille des écrivains qui l'avaient protégé. Ils m'ont révélé un Jacques Martin du lundi au mercredi aux antipodes de l'histrion du dimanche.

*

* *

Ce n'est pas *tel qu'en lui-même* que la télévision a fixé Jacques Martin dans la mémoire des Français, dans les jours qui ont suivi sa disparition.

Les séquences d'archives qui ont resurgi sur les écrans imposent l'image de l'amuseur public numéro 1. Les témoignages de ceux que ce découvreur de talents a contribué à mettre sur l'orbite du succès concordent et tracent le portrait consensuel plus que flatteur d'un surdoué du spectacle.

Mais toute cette rétro, aussi bien le profil insolent du jeune loup que la silhouette débonnaire de la vedette nationale, occulte sa face cachée au point que l'hommage quasi unanime est, hélas, l'enterrement de seconde classe d'un esprit original qui a vécu sa réussite sociale comme un échec.

L'époque a tendance à gommer la complexité de ses héros populaires. Jacques Martin risque d'être victime de cette réduction au rôle de pitre si on ne complète pas l'hommage en images en lui donnant la parole dans son intimité.

La vérité de cet homme est qu'il n'a cessé de lutter contre la facilité. On passe à côté de sa personnalité si on ignore ses rêves, ses aspirations profondes, ses contradictions, ses déchirures.

Il n'était pas seulement plus « cultivé » que ses interlocuteurs. Artiste-né, il mettait pour lui la barre au plus haut. Grand lecteur de livres et de partitions, il fréquentait les meilleurs auteurs et compositeurs. Ses doutes adolescents l'avaient dissuadé de tenter une carrière lyrique alors que sa voix de baryton l'y disposait. Ce rêve inassouvi le poursuivit et il prit une modeste et brève revanche en s'échappant du Théâtre de l'Empire pour chanter Ménélas dans « *La Belle Hélène* ». Il fut le chantre dans *Le Roi David*, célèbre oratorio de Honegger. Et un jour, à Lyon, sa ville natale, il tint la baguette du chef d'orchestre.

Il souffrait de la condescendance des intellectuels parisiens quand on citait son nom. « Les journalistes que je reçois dans ma bibliothèque sont étonnés quand je leur montre que les volumes sur tranches ne sont pas factices. » La métaphysique ne lui était pas étrangère. Il était sincère quand il disait qu'il animerait volontiers les émissions religieuses du dimanche matin. Déplorant que l'animateur de *Dimanche Martin* n'était pas crédible pour échanger avec les rabbins, les pasteurs et les curés.

La télévision familiale l'a dévoré. Elle ne lui a pas laissé le temps sabbatique pour réaliser ses ambitions de jeunesse. Il écrivait des débuts de nouvelles stupéfiants. Puis s'arrêtait. « Je continuerai quand je quitterai la télé. » Hélas après lui avoir volé son temps, la télévision l'a assassiné. L'hommage qui lui a été rendu porte un mensonge et aucun journal ne l'a dénoncé. Ce n'est pas à la suite de son accident vasculaire cérébral que France 2 n'a pas renouvelé son contrat. C'est le traumatisme de la nouvelle de son éviction, qui a provoqué le lendemain son hémorragie et l'a rendu hémiplégique.

Il n'a même pas pu avoir enfin le temps sabbatique d'écrire la suite de ses nouvelles ébauchées entre deux dimanches.

Même si on n'applaudit que l'homme de télévision, il ne peut être comparé à ceux qui le revendiquent comme leur maître, leur père professionnel. La différence d'altitude est considérable.

Faute d'être chanteur, il a été comédien et ne l'a jamais oublié. Fidèle à sa jeunesse, il a exigé que ses émissions soient enregistrées à l'Empire, parce qu'il trouvait là une grande scène de théâtre avec un parterre et un public en chair. C'était un vrai public et non une simple claque qui aujourd'hui est l'artefact des *talk shows* en trompe-l'œil. Le rebelle faisait sa « télé » alors que les enfants de cette télé se laissent aujourd'hui formater sur les plateaux. Lui qui avait chanté *La Belle Hélène*, il était le cheval de Troie subversif du système hypermédiatique.

Les pages qui suivent donnent à découvrir un homme de conscience traversé d'éclairs, un enfant prodigue qui fait sa résilience, à la recherche de sa vérité, humble et fulgurant. Passant du doute, du mal-être, de l'angoisse à l'improvisation géniale, il fut un libre penseur, hors norme, qui s'interroge à vie sur le paradoxe du comédien.

Un homme d'envolées et fou d'amour et qui apprend à savoir aimer.

André Coutin

1

Sur la scène de l'Empire, jouez-vous un personnage ? Le public de Dimanche Martin *ne connaît pas cet humaniste que je découvre dans sa bibliothèque. Ce Jacques qui lit n'est pas le Jacques qui leurre. Comment vivez-vous ce dédoublement ?*

Ce dédoublement n'existe pas pour mes ennemis de caste. Pour eux, il ne peut s'agir que de deux individus homonymes.

Il y a encore quelques années, on ne pouvait prétendre à Paris : « Mais si, les deux Martin ne font qu'un » sans désespérer la rive gauche. Je citerai cette visiteuse dépêchée par un journal bien-pensant pour voir de plus près la bête dans sa cage. Elle s'étonna de me trouver assis sereinement à l'intérieur d'un rempart de livres. Elle aperçut des éditions rares, des coffrets d'œuvres intégrales et releva les titres. Elle avait devant elle les génies universels et les poètes maudits. Une somme de littérature.

N'en revenant pas, elle me demanda : « Tous ces livres sont-ils vrais ? » Que pouvais-je dissimuler dans le creux de ces ouvrages qu'elle croyait factices, sinon des flacons d'alcool, des cigares ou des farces et attrapes, moi qui n'étais à ses yeux qu'un amuseur public ? Était-il possible que je me donne la compagnie des grands écrivains comme un membre de l'Académie ?

Non. Pour ma visiteuse, le décor ne pouvait être qu'en trompe-l'œil pour m'épater moi-même.

Mes ouvrages étant bel et bien imprimés par mon ami Gutenberg, elle a eu un dernier sursaut d'incrédulité : comme on peut mettre en rayons de vrais livres sans les lire, elle a tenu à s'assurer que les pages des éditions anciennes étaient coupées.

Un autre jour, à un dîner très parisien donné par le directeur d'un quotidien de gauche, l'un de ses invités livre son dernier coup de cœur : « J'ai lu ce matin un article en tout point remarquable sur l'affaire Dreyfus signé Jacques Martin. C'est, bien sûr, un homonyme de l'autre… le clown de la télévision. N'est-ce pas ? » Ce journal me laissait à l'époque carte blanche pour écrire selon mon humeur une chronique, et j'avais choisi de gloser sur le sujet qui avait passionné Zola et la France. Et cet homme qui se glorifiait de ne jamais regarder mes émissions dominicales est reparti persuadé qu'on le mystifiait lorsqu'on lui jurait que c'était bien ce pauvre Martin le signataire d'un texte qu'il avait aimé, comme si l'un de ses intellectuels favoris avait pris sa plume de paon.

La partition du *Roi David* m'étant familière, j'ai interprété le rôle du récitant en l'église Saint-Roch qui avait inscrit l'oratorio d'Arthur Honegger dans son cycle de concerts de musique sacrée. Peu de temps après, j'ai surpris un rabbin à qui je proposais de venir lire des versets de la Bible dans sa synagogue. « Mais le dimanche, a-t-il objecté, vous ne passez pas dans les émissions religieuses du matin… »

Même perplexité chez un romancier scénariste très en cour à qui un éditeur avait demandé de préfacer un de mes précédents livres : « Je n'aurais pas imaginé que l'auteur qui a ce style d'écriture, puisse être le même homme que nous voyons en Monsieur Loyal de la télévision. »

Et ces jeunes attachées de presse suaves qui, dans des galas de charité, minaudent à l'adresse des généreux bienfaiteurs et donateurs en me voyant micro en main : « Vous savez, Martin, mine de rien, est un monsieur très cultivé. » Et leur interlocuteur de s'apitoyer : « Oh ! comme il cache bien son jeu. Et comme il doit souffrir de faire des émissions si vulgaires ! »

À ces manichéens, je voudrais dire simplement que ce Jacques-ci s'entend fort bien avec ce Jacques-là. Aucun écartèlement et nulle contorsion pour aller de l'un à l'autre. Ils ne font qu'un, jour et nuit. Dr Jekyll n'a pas à se débarrasser de Mr Hyde. Et je n'ai pas à faire la bête pour être l'ange.

Non, je ne suis pas, comme la France, coupé en deux. Et chaque matin, aucune partie de moi se regardant dans le miroir n'a honte de l'autre. Changeant de costume pour aller de l'église Saint-Roch au théâtre de l'Empire, je n'ai pas à changer de tête. Ni intellectuel déchu dans les jeux du cirque électronique, ni primate égaré dans une chapelle des bien-pensants. Parler seul avec Dieu ou s'adresser à des millions de gens, c'est pour moi le même plaisir ou le même combat.

Je veux tranquilliser l'élite qui s'inquiète à mon sujet : je ne suis pas l'auteur de la fable des deux Jacques. « Mon frère jumeau est mort noyé dans son bain et je ne sais pas lequel des deux a survécu. Mon double est heureux de payer mes impôts à ma place et mon sosie dort, béat, dans un placard de la télévision. » Je vous dois la vérité. Celui qui s'introduit chez vous le dimanche est le même qui se cache dans sa bibliothèque le lundi. Si vous ne le croyez pas, ce livre vous montrera que un est multiple de un.

Il paraît que les temps ont changé. Les gens d'esprit qui me refusaient leur considération, aujourd'hui me plaignent. Oui, concèdent-ils, il n'est pas différent à la ville de ce qu'il paraît à l'écran, mais il est malheureux comme un enfant de chœur de servir une messe à laquelle il ne croit pas. On ne me conteste plus, on m'admet. N'ai-je pas à m'inquiéter de la fin de la disgrâce plus qu'à m'en réjouir ? Je préférais être montré du doigt par mes ennemis de caste qu'être prié à dîner chez de faux amis.

2

Pourquoi répugnez-vous à parler de votre enfance ? Vous remettez ça à plus tard… aux calendes grecques.

J'aimerais ne l'aborder que comme une île lointaine mais pas comme on rentre au port. Je rêve d'un commencement qui est le temps de vivre, de voler de ses propres ailes, d'être sans pesanteur. Hélas, mes débuts dans la vie furent tout le contraire. Votre question me reconduit devant une façade de caserne. Mon enfance, je voudrais l'oublier comme on perd la mémoire.

La vie de collège a été pour moi le pire des services militaires infligés à un conscrit de six ans. Depuis que j'ai quitté ces hauts murs, j'ai gardé l'impression d'être parti en vacances pour toujours, quelle que soit l'épreuve que je traverse, l'effort que je fournis…

À cinquante-cinq ans, je ne peux pas détacher de mon esprit cette image : mon enfance est une prison. Une prison avec des règlements sévères et les mêmes injustices qui désavantagent certains détenus derrière les hauts murs de l'univers carcéral des adultes. Pour l'élève dont le père était d'importance, le règlement était adouci ; mais si, par malheur, comme moi, on avait été placé « par charité », on était le fils d'une femme obligée de travailler qui ne payait pas très régulièrement le trimestre, on rejoignait dans ce qu'on pourrait déjà appeler un ghetto, le banc d'infamie d'une sous-race.

J'étais même relégué dans les derniers déchets de la sous-race. Je partageais la honte de ceux qui pissaient au lit. Généralement, les petits garçons et les petites filles le font pour des raisons qui leur échappent complètement. Manque de tendresse, solitude sont responsables de cela. Tout le monde le sait aujourd'hui. Mais à l'époque, on considérait qu'un enfant qui faisait pipi au lit était quelqu'un de malsain, de malpropre, enfin presque une bête. Nous étions dans un coin du dortoir, dit le coin des pisseurs, avec un étendoir où l'on suspendait nos draps. Et, à la récréation de dix heures, ceux qui avaient pissé au lit, au lieu de s'amuser, tournaient autour de la cour avec leurs draps souillés sur la tête. Et les autres nous chantaient : « Pisse en lit, pisse en paille ; les oiseaux sur la montagne et la Vierge au pied du lit pour plus qu'il pisse en lit. » Le pisseux était le personnage à qui l'on pouvait tout faire et que le surveillant ne défendait jamais. On pouvait, lorsqu'il était à table, lui donner seulement la moitié de sa ration, lui faucher son chocolat à quatre heures…

Dans le pensionnat catholique où j'ai été enfermé dès l'âge de six ans, j'ai dû subir un ordre datant du XIXe siècle. Un système punitif qu'on ne supporterait plus à Fleury-Mérogis. La confession était obligatoire. À la limite, ne pas y aller, c'était se faire remarquer.

J'aurais bien aimé rencontrer, chez les chrétiens, de la tendresse, du respect de la dignité humaine, de l'amour pour les plus humbles. C'est le contraire que j'y ai trouvé. Un monde impitoyable. Un monde d'injustice, un monde de castes. Plus tard, en lisant l'histoire de l'Église, j'ai appris qu'elle avait toujours été cruelle aux petits enfants. Il fallait la candeur d'un innocent pour s'étonner qu'elle ne fût pas cette institution d'amour telle qu'elle est enseignée dans l'Évangile.

J'ai très souvent changé d'établissement. Les *jèses* ne me gardaient pas, j'étais mauvais élève. Moi-même, j'étais impertinent: pisser, c'est le comble de l'impertinence. Et pourtant, je n'avais aucun esprit de révolte. J'étais un garçon d'aspect plutôt gracieux, avec des cheveux bouclés. C'était un plaisir de taper sur moi parce qu'on sentait que je n'opposerais pas beaucoup de résistance.

C'est dans cette prison d'Église que j'ai découvert que le rire est une arme totale. Le seul moyen d'échapper au malheur, c'était la dérision. Une question de vie ou de mort... Je dis bien : ou de mort. Trente coups de règle sur le bout des doigts, à genoux sur deux règles avec le dictionnaire latin... il fallait beaucoup d'humour, il en faut encore beaucoup aujourd'hui, pour boire ce calice de Belzébuth.

J'ai vendu du rire. J'ai vendu de l'illusion. Inventer des jeux était ma défense. J'avais fabriqué une lanterne magique en découpant des bandes de papier et en les faisant passer à travers un rectangle noir. À mon programme de cinéma, des films de cow-boys dans ma version originale. En échange de quoi, je récupérais un morceau de fromage extrait des cantines privées, fermées avec des cadenas et dans lesquelles les autres prenaient les suppléments que moi je n'avais pas.

*

*   *

Vous détestez le moule de l'Éducation qui ne tient pas compte des individualités et condamne les esprits libres à tout apprendre par eux-mêmes.

Je dis qu'il n'y a toujours pas de bon système éducatif, parce qu'on n'a pas trouvé mieux que d'arracher un petit garçon ou une petite fille à la chaleur du sein maternel pour les placer brusquement dans une institution régimentaire, qu'elle soit laïque ou privée. Là, pour la première fois, vous êtes classé « bon », « mauvais ». C'est la première fois qu'on vous juge, que l'on vous contraint à faire des choses qui ne vous intéressent nullement. Pourquoi ? Parce qu'on n'a pas pris soin de s'occuper d'abord de la personne humaine à qui l'on va ingurgiter un savoir. L'enseignement, quel qu'il soit, a un mépris total de l'être humain ; il n'a pas encore compris que chaque individu est unique, qu'il est un univers en soi. Ses milliards de cellules forment un microcosme, centré sur le soleil, et nous tournons... Chaque être est différent, et on voudrait l'habiller en confection ! Avoir en charge la diversité de l'esprit humain et lui coller une instruction de polycopiés !

L'Éducation nationale fait de la science-fiction en imaginant un système uniforme, valable pour tous. Je pense que la pire des choses, c'est de couper les hommes de leurs racines, c'est-à-dire de ce qui a été vécu par leurs ancêtres. Cette nouvelle façon d'enseigner aux jeunes tient pour nul ce à quoi, autrefois, au temps des humanités, on attachait une telle importance : la Grèce, berceau de notre civilisation, tenait une place de choix ; le latin, n'en parlons pas ! Et notre histoire nous était enseignée de la façon, selon moi, la plus naturelle, c'est-à-dire chronologiquement, et non selon des thèmes à la mode.

Je constate le manque d'armes des jeunes gens de vingt ans, face à la crétinisation. Ils n'ont absolument rien pour se défendre contre la publicité. Ils avalent tout ! Ils n'ont même plus le libre choix d'accéder à la culture. Prendre un livre, c'est sale. J'ai glissé ce petit mot dans certains des livres de ma bibliothèque qui comptent pour moi, à l'attention de mes enfants : « S'il vous plaît, ne vendez pas ce bouquin pour vous acheter une mobylette. » De mes quatre enfants, aucun n'a pillé ma bibliothèque. Et je les en remercie. Ils n'ont pas dilapidé mon seul et vrai héritage.

Je suis arrivé à Paris totalement inculte. En dehors de ma prière en latin et de ma table de multiplication, je ne savais rien. Difficile à placer dans une conversation. En autodidacte, j'ai assimilé les bases auxquelles, en classe, je n'avais rien compris, parce qu'elles ne m'intéressaient pas, parce que je n'en voyais pas la finalité.

C'est de moi-même, à dix-sept ans, que j'ai commencé à absorber les nourritures dont j'avais faim, et le hasard m'ayant servi, j'ai lu les livres importants. Et j'ai eu une chance extraordinaire, j'aurais pu passer à côté de ce qui est aujourd'hui mon jardin secret, bien dissimulé par le rempart qu'est mon image de marque. Je mets mon point d'honneur à ne jamais me vanter de ce que je sais. Je reste d'une curiosité insatiable. Aujourd'hui, plus que jamais, je crois que je mourrai le jour où je ne serai plus curieux du tout. La nature ne m'a pas doté d'un système oculaire aussi limité que celui de l'homme, mais de celui de la mouche, à cent facettes.

*

*   *

Je vais à Rome et j'ai l'impression d'être chez moi. Et quand je suis en Grèce, je me sens en pays de connaissance. J'ai une admiration pour la culture allemande. Une dévotion pour les gens de Dublin. Tout l'humour de l'Angleterre, c'est l'Irlande qui l'insuffle. J'adore les romanciers russes.

Depuis mon enfance, je suis donc un évadé perpétuel. Chaque fois qu'on m'a proposé d'entrer dans un ordre, je me suis dérobé, préférant ma vie de nomade intellectuel à cet establishment que je récuse.

Selon l'humeur, je suis très heureux d'être ainsi ou au contraire très malheureux de ne pas appartenir à cet ordre. Je suis comme un gitan qui regrette de l'être. Et pourtant, je ne suis à l'aise que dans mon désordre, moi seul m'y reconnais. Je ne peux apprendre un texte assis devant une table mais seulement en me regardant dans une glace ou en marchant de long en large.

Ce n'est que face à la peur que je me surpassse Une peur admirablement maquillée par une agressivité d'apparence. Une forte gueule.

Je me mets en position catastrophique pour sortir de toute situation difficile.

3

Êtes-vous vraiment passé à côté de l'amour de votre mère ? Vous en avez les larmes aux yeux.

Pendant un demi-siècle, j'ai navigué sans savoir que ma mère était mon étoile polaire. Elle s'est confiée à moi pour la première fois à la veille de mon cinquantième anniversaire. Et ce fut la révélation de mon erreur. Comme je m'étais trompé sur elle ! Ma mère n'est pas là où je l'avais située, confiant en mon jugement. Elle était proche et semblable à moi, pour sa force et ses faiblesses. Après avoir recueilli sa confession pendant huit heures, je me suis dit : « J'aime cette femme et, de plus, j'ai la chance qu'elle soit ma mère. Non à gauche et derrière moi, mais à droite et devant moi. Aurai-je le temps de corriger mon erreur de cap ? Il me faut tout reconsidérer des femmes et de ce que je fus pour elles. Refaire les comptes de chacune de mes défaites amoureuses, vivre à visage découvert. Quelles raisons, maintenant, de me dissimuler derrière ma “persona” : j'aime et je suis aimé de celle qui m'a mis au monde. » Cette rencontre tardive avec ma mère a été capitale.

Si, adolescent, j'avais su ce que ma mère m'a révélé, j'aurais exclu mon père de mon univers comme autrefois l'Église catholique excommuniait l'indésirable. L'excommunication majeure. J'ai même prêté ce mot terrible à l'un des personnages d'une nouvelle que j'ai ébauchée : « Un hasard heureux voulut que mon père trépassât avant que je ne fusse en âge de l'abattre. Non de le tuer physiquement. De le rayer de la création. »

Enfin, à près de cinquante ans, j'ai retrouvé le nord que j'avais perdu : ma mère, mon étoile polaire. Mon étoile polaire brillait au terme d'un chemin de douloureuse initiation qui comportait trois étapes :

– Mon œdipe à cinq colonnes à la une : ma pièce, avec une statue de ma mère en scène ;

– Sur le divan, ma mère : ma renaissance ;

– Je chante pour maman.

Ma vie est un échec sentimental de ma naissance jusqu'à cette séance avec ma mère.

Premier échec : ma mère se défait de moi.

Je supplée au manque d'amour. Échec de mon premier mariage.

Deuxième amour. Consolé en entrant en analyse, je me sens fort devant ma femme qui est faible. Troisième échec.

« La case de vide » : je raconte à la seule personne qui m'aime en retour, le public, les échecs de ma vie sentimentale et avoue un cœur assoiffé de tendresse.

« Tout homme qui a cinquante ans et n'est pas misogyne, n'a pas aimé les femmes », disait La Rochefoucauld. Ce sont nos tendres ennemies. Elles sont d'autant plus attirantes et redoutables qu'elles sont très différentes des hommes.

Les plus grands coups dans la gueule que les hommes peuvent recevoir, ce sont les femmes qui les leur donnent.

Le besoin d'amour absolu m'étouffe et un jour me tuera pour n'avoir jamais rencontré dans ma vie une femme qui place l'amour à l'altitude à laquelle je le situe. Si j'étais beau, on me le dirait ; si j'étais intelligent, on ne me le ferait pas dire...

Pour n'être que ce que je suis, ai-je mérité le silence qui m'entoure ?

Ai-je assez parlé avec mes enfants, il y a les aînés à qui je n'ose pas dire à quel point je les aime, parce qu'ils sont en âge de le comprendre ; et les derniers-nés à qui je ne le dis pas parce qu'ils sont trop jeunes pour le mesurer.

Parmi les films d'Hollywood, celui qui a toute ma tendresse n'est pas un très grand film : c'est *Le cœur est un chasseur solitaire*[1]. C'est un film qui ne parle que du cœur. Un adulte sourd-muet tombe amoureux de la fille de sa logeuse. Elle n'a pas les moyens de s'acheter des disques. Et il lui achète des disques de Beethoven qu'il ne pourra jamais entendre puisqu'il est sourd, mais il sait que la personne qu'il aime les entendra.

C'est de l'amour à l'état pur.

---

1. Réalisé par Robert Ellis Miller en 1968, *Le cœur est un chasseur solitaire* (*The Heart Is a Lonely Hunter*) retrace la rencontre entre John Singer et Mick, deux jeunes adolescents sourds et muets.

4

Vous êtes parti aussi tardivement à la découverte de votre père dont, enfant, vous ne connaissiez que la légende familiale. Vous retrouvez-vous dans ce nomade « magnifique » qui a brûlé sa vie ?

Entre mon étoile jaune et mon étoile polaire, la comète de mon père est passée à mon insu. Sa lumière ne m'est apparue, elle aussi, que très longtemps après sa mort. Ma vie se déchiffre décidément dans le ciel et c'est bien là ma différence avec les stars qui se prennent pour des étoiles.

J'étais allongé sur le divan d'un psychanalyste. Après m'avoir écouté de longues heures, il rompit le silence.

– C'est curieux, quand vous parlez de votre vie, vous faites toujours référence à votre mère et jamais à votre père. Voulez-vous, s'il vous plaît, effectuer le travail suivant : allez, partez à la recherche de votre père, comme le ferait un historien en quête d'un grand disparu. Je vous revois dans quinze jours et nous verrons si vous êtes sur la piste.

Je me suis ainsi décidé, tardivement, à partir vraiment à la découverte de mon père, en remontant très loin, jusqu'à son berceau. Pour sa famille, de son vivant, il était resté un illustre inconnu. Mais les témoins que j'ai pu retrouver, et qui avaient fait partie des spectateurs dont il avait besoin pour se mettre en scène, m'en ont tous dit du bien.

J'ai vu des photos, des petits films tournés par les caméras de l'époque qu'on projetait en famille avec un Pathé-Baby. J'ai fait ainsi la découverte de ma famille paternelle.

Mort, il est à nouveau reçu par les siens qui l'avaient rejeté, et qui sont aujourd'hui libérés de ce qui les retenait de dire, quand il était de ce monde : que c'était un homme formidable, que c'était l'homme le plus drôle, le plus poète, le plus musicien, le plus étonnant qui soit.

J'ai sauté sur les images qui en restent. À le voir de près, il rejoint bien l'espèce de gens que j'adore, les humoristes. Quand on regarde la tête de O'Henry[2] ou celle de Mark Twain, on ne voit pas du tout au premier coup d'œil qu'ils sont porteurs de bombes. Et quand on regarde la photo de mon père, on ne voit pas du tout qu'il est dangereux, explosif, mais pas du tout ! Vêtu comme Erik Satie, il était insoupçonnable ! Mais ses traits d'esprit étaient meurtriers. C'est pour ça que j'apparente mon père à Erik Satie, beaucoup plus qu'à Alfred Jarry. Il serait peut-être arrivé à un enterrement à vélo, pas en coureur cycliste, en gentleman habillé d'une jaquette, démarche encore plus déconcertante. C'est sans doute à lui que je dois cette tendresse extraordinaire que j'éprouve pour les humoristes anglais, pardon, on se ferait tuer, irlandais, qui ont l'air de garder leur apparence respectable tout en posant sur chaque mot un détonateur.

Mon père, c'était donc un terroriste in-soup-çon-nable. Espèce rare, mais qui existe çà et là. J'en connais quelques-uns dans la société d'aujourd'hui qui, derrière des postes de directeur

2. O'Henry est le pseudonyme de l'écrivain américain William Sydney Porter (1862-1910) dont environ une vingtaine d'œuvres ont été traduites en France comme *New York tic tac, Les flibustiers de l'Andchourie, les quatre millions, La chasse au trésor...*

ou de président, sont porteurs de bombes. C'est un comportement de tueur mental.

Au départ, s'il n'y avait pas eu la sottise de lord Douglas[3], jamais l'auteur de la *Ballade de la geôle de Reading*, Oscar Wilde, n'aurait prêté le flanc pour se faire alpaguer. C'est parce qu'il a perdu quelque peu la raison pour ce jeune homme que le scandale l'a conduit à la prison. Mais on peut très bien imaginer qu'il ait mené – il y en avait d'autres à l'époque – cette vie qu'on lui connaît, parce qu'au départ, il avait une couverture d'homme à femmes, de dandy, impeccable, Anglais jusqu'au bout des ongles, mais Irlandais dans l'âme, marié, deux enfants. Rien ne devait l'amener à mourir dans ce petit hôtel de Saint-Germain-des-Prés… comme est mort mon père.

Ruiné, nu comme Job, mon père a été enterré dans la fosse commune. Je ne sais même pas où il peut reposer. Il s'est dématérialisé. C'est sa dernière farce. Ma mère n'avait pas d'argent pour payer les frais d'une concession et à son décès, on a mis « provisoirement » le corps à la fosse. Et puis personne ne s'en est plus

3. Alfred Bruce Douglas (1870-1945) fut un poète anglais devenu célèbre pour sa relation avec Oscar Wilde.

soucié. Alors il a disparu. Il ne nous encombre même pas ! Dernière politesse d'un homme qui dérangeait.

*

* *

Mon père était de famille fort honorable. Un de ses oncles était évêque de Tarentaise. Il circulait comme un *monsignore missus dominicus* du Vatican. Dieu que c'est joli d'être « évêque de Tarentaise » ! Mon grand-père, qui était architecte en chef de préfecture, a construit des lycées et des maisons d'arrêt. Quoi de plus respectable pour l'ordre bourgeois que de bâtir des petites prisons ?

Il attendait que sa femme lui donnât une fille. Ce fut un garçon. Enfant non désiré, enfant mal aimé. Mon père en souffrit dès ses premières années. Sa réaction fut d'une simplicité enfantine : abolir le milieu social dans lequel il était né. Sa famille lui ayant signifié au berceau qu'il n'était pas souhaité, il en conclut qu'il n'était pas aimé parce qu'il n'était pas aimable. Il a tout fait pour ne pas l'être en détruisant cette société bourgeoise de type lyonnais qui l'avait enfanté et, finalement, il a été adoré par bien de ses compagnons de hasard.

Il avait toutes les qualités pour plaire aux autres et se distraire lui-même. C'était un sybarite, un découvreur, un inventeur de village, un animateur-né. Je pense qu'il mettait toute son intelligence pour surmonter l'immense tristesse qui le taraudait au fond de lui.

En une vie, il a dépensé dix vies de bourgeois économe, avare de son énergie. Un extravagant irrésistible. Tous ses actes étaient marqués du point de la fantaisie et au coin de la folie.

Un jour où elle s'était disputée avec lui, ma mère était rentrée seule à la maison : il avait fait livrer pour deux millions de fleurs ! Il avait épinglé cette carte : « Je t'ai fait de la peine, adieu, je m'en vais. » On l'a retrouvé huit ou quinze jours après pianiste dans un cinéma muet à Toulon. Quand il avait du chagrin, il disparaissait.

Mon père était un homme à « coups ». J'aurais aimé être cet homme-là. Il lançait des invitations à se rendre au cœur de la forêt lyonnaise pour déjeuner : « Trente couverts seront servis à midi » ! Il ne regardait pas à la dépense. Il y avait sa bande et il inventait tous les jours quelque chose de drôle, de ludique. Son affaire de soieries avait vite sombré. Plus tard, avec ma mère, il a monté une affaire de parfumerie, et il l'a bue. Il a bouffé la vie. Et il est mort en buvant Cordon Rouge de Coty, non sans avoir au préalable remis en ordre la bibliothèque de l'hospice, car c'était un bibliophile prêt à se ruiner pour acquérir des livres rares.

Aujourd'hui, quand je pense à mon père, j'évoque Barnabooth[4], mais aussi Lafcadio[5] pour son insolence. C'était un homme en avance sur son temps, qui entendait les musiques nouvelles alors que l'ensemble de la population française en était resté à *Faust* de Gounod. Il a fait le coup de poing pour imposer Debussy, il s'est battu pour Wagner. Quel poète. Un voyageur d'un autre monde que ma mère n'a jamais appelé son mari. Quand elle parlait de mon père, elle faisait toujours précéder son nom par « Monsieur ». C'était la référence de ma mère. Elle avait pour lui dévotion et admiration. Mais elle ne le comprenait pas. Il était aussi imprévisible que Dieu. Aussi capable de faire du mal et du bien

---

4. Valéry Larbaud (1881-1957) écrivit sous le pseudonyme de A. O. Barnabooth ses premiers poèmes «modernistes», célébrant les paquebots, les trains de luxe, les palaces cosmopolites.
5. Lafcadio est le personnage principal du roman d'André Gide *Les caves du Vatican* paru en 1914.

que Dieu ! Et nous en avons souffert, car si mon père avait été un étroit bourgeois, tel qu'il avait quatre-vingt-dix chances sur cent de le devenir, nous n'aurions pas connu la misère et je n'aurais pas eu cette prison d'enfance.

Les gens m'ont rapporté la légende de mon père comme celle d'un *magnifique*. Il n'empêche qu'il a ruiné la vie de ma mère et de ses enfants, qu'il nous a tués à coups de bals, de fêtes, d'inventions biscornues, d'extras et d'extravagances. Resté à ses côtés, j'étais du parti de ma mère et j'ai passé ma vie à me dire : « Oui, c'était peut-être un génie errant mais je lui dois tout de même mes pensions. » Dans le fond, si je réfléchis bien, j'ai dû envier à quinze ans sa liberté, son faste, son humour décapant. Et inconsciemment, j'ai voulu reconstruire ce qu'il avait dérobé à la maison, ses livres, sa bibliothèque, son goût des voyages, son amour de la musique. C'est par imitation que je suis devenu ce que je suis, mais j'ai hérité du côté commerçant de ma mère, et cela m'a mené à la télévision. Pour réussir à l'antenne, le don artistique n'est pas interdit, mais le sens commercial est indispensable. Ma mère était terrienne. Fille de paysans, elle avait un bas de laine, elle était obligée de compter. En somme, ces deux êtres se heurtent encore en moi : il y a d'un côté mon père, Don Quichotte, et ma mère, Sancho Pança. Maintenant, je comprends que j'aurais pu devenir un autre et qu'à tout prendre, la forme de vie que mon père a adoptée, pour être plus expéditive – puisqu'il est parti à cinquante-trois ans – a été deux fois plus passionnante que celle de ma mère. Le jour où mon père a rompu avec ma mère, elle n'a plus existé. Elle nous a sauvés, elle s'est battue, mais elle n'a plus respiré vers le haut. C'est mon père qui lui donnait l'oxygène de l'âme, mais en ravageant la vie quotidienne. À son ludisme, il a tout sacrifié. Tout. Ce n'était cependant pas un égoïste et il éprouvait du plaisir à rendre les autres heureux.

L'argent, c'est le moteur de la bourgeoisie internationale. Mon père était de ceux qui sont capables de dynamiter ce pouvoir. En somme, j'ai voté inconsciemment pour ma mère. Ayant vécu plus avec elle, j'ai hérité de ses défauts et pas assez des qualités de mon père. Si la Bourse est un jeu – et c'en est un –, mon père accordait sa juste place à l'argent, sans en être esclave. Peut-être parce qu'il en avait au départ. Mais quand il n'en a plus eu, il a fait un peu ce que faisait Orson Welles, il promettait des films qu'il ne faisait pas, des livres qu'il n'éditait pas, il donnait la lune. Il a même usé de moyens plus ou moins illégaux pour continuer à pomper de l'argent aux bien-pensants. Et pour en faire quoi ? Des fêtes, des voyages incongrus, des collections de livres. C'était un anarchiste, non pas à sa caste, mais à sa famille, à cette mère qui ne l'avait pas aimé, qui ne l'avait pas voulu. Il devait avoir aussi une désespérance et sa femme devait être pour lui un reproche vivant.

Toute la différence est que ma mère avait peur, parce qu'elle était d'origine modeste, du spectre de la misère alors que mon père, qui était d'un excellent milieu, n'en avait crainte. Quand il eut perdu ses relations, il alla faire rire les porteurs de la gare et il avait toujours une cour autour de lui. Et quelquefois, il avait le plaisir de mettre au train, de porter la valise d'un de ses cousins appartenant au milieu lyonnais qui lui donnait un pourboire.

De mon père et de ma mère, c'est elle qui l'a emporté sur l'enfant que je fus. Mais je regretterai toute ma vie de ne pas avoir été davantage le fils de mon père. Je l'ai été à une certaine période. Ce qui fait dire à certains : « Ah ! quand vous étiez insolent, quand vous preniez la société par-dessus l'épaule... » Ils croient que je me sens prisonnier et un peu coupable d'appartenir à un système qui n'est pas le mien. Mais dans le fond, aujourd'hui, le public serait bien étonné si je disais que je suis contre l'Académie française, et que je n'ai d'admiration littéraire que pour les gens qui lui ont tourné le dos ou lui ont tiré la langue. D'où mon amour pour les humoristes. J'ai une tendresse particulière pour tous les gens qui ont vécu de travers. J'appelle vivre de travers, avoir été un imposteur, un mystificateur, un faussaire. Thackeray[6] a poussé jusqu'au bout son personnage. Qu'est-ce qu'il devait rire ! Qu'est-ce qu'il devait s'amuser ! Swift[7] était pasteur aussi, qu'est-ce qu'il devait rire ! On n'a su qu'après qu'il était l'auteur des Contes du tonneau. Et puis il a eu des amours extraordinaires, bien plus belles que celles des romantiques, des amours vraies.

Est-ce qu'il me reste assez de temps aujourd'hui pour devenir l'Autre ? J'avoue honnêtement

6. William Makepeace Thackeray (1811- 1863) fut l'un des romanciers britanniques les plus importants de l'époque victorienne. Connu pour ses œuvres satiriques sur la classe moyenne britannique, il est notamment l'auteur des *Mémoires de Barry Lyndon* et de *Vanity Fair.*

7. Jonathan Swift (1667-1745), écrivain irlandais auteur des *Voyages de Gulliver,* satire de la société anglaise.

que c'est mon vœu le plus cher. J'ai l'impression de me trouver sur la terre comme dans un pays que l'on a trop de fois visité. Quand je reste à l'étranger, comme je l'ai fait aux États-Unis plus d'un mois et demi, je m'ennuie, j'ai mal quelque part. Il en va ainsi de ma vie, parce que dans la peau de qui je suis, je ne peux pas poursuivre mes recherches. Il faudrait que j'aie le courage de Verlaine, éventrer les matelas de la famille et partir avec un Rimbaud quelconque ; j'aimerais faire des scandales à Bruxelles, tirer des coups de feu à Paris, ou à Cannes, enfin avoir le sentiment d'échapper à l'ordre. Et ce n'est pas un langage que l'on peut tenir à la télévision plus de deux jours.

Coluche s'était engagé sur cette voie. Mais il est mort là où la mode des autres l'a rejoint, il est mort sur une moto. C'est ridicule de faire de la vitesse. Quand on évolue en âge, on n'a plus besoin de se prouver qu'on conduit vite. Il s'est laissé surprendre. Comme c'est bête de mourir pour une machine qu'en plus on a achetée ! Tué par une machine qui est votre propriété.

Mais lors de son court passage sur la terre, pour semer le désordre, il l'a semé ! Il a perturbé nos institutions, travail, famille, patrie, il a perturbé même les provocateurs de son époque, les pseudo révolutionnaires qui se croyaient tels. Il avait un tel charisme que ce sont les hommes de l'ordre, des banques, de la politique, qui venaient à ses pieds quand il les convoquait à la télévision. Il faut se rappeler cette quête organisée à Noël et cette image de tous ces gens qui le détestaient, qui avaient peur de lui, et venaient lui apporter la dîme ! À lui qui balançait des pavés dans les multinationales, dans les magasins. C'est une émission qu'il faudrait repasser sans cesse. Quel rafleur ! Ce qui lui a manqué, c'est l'élégance ; il était rustre mais parti de sa case départ, il n'avait pas eu le temps d'emmagasiner ce qui s'était passé avant lui. Il n'était pas le premier à se conduire comme Attila. La mémoire du passé lui faisait défaut. Il est mort par manque de goût.

*

*   *

J'ai relu la correspondance de mon père. J'ai d'abord été déçu. Mais il faut se replacer dans l'époque. Paul Géraldy[8] avait marqué sa

8. Paul Géraldy est le pseudonyme du poète et dramaturge français Paul Lefèvre (1885-1983) à qui l'on doit notamment deux recueils : *Les petites âmes* (1908) et *Toi et moi* (1912).

génération. Mon père écrivait à ma mère dans ce goût-là. Mais je me suis posé la question : s'il lui avait écrit comme Verlaine, ou s'il lui avait écrit comme Rimbaud, aurait-elle compris ? Ou comme Baudelaire ? Est-ce qu'on peut écrire à quelqu'un dont on connaît bien les limites – ça n'enlève rien à ma mère – « Rappelez-vous, mon amour, de la charogne que nous vîmes » ? Non. Alors, il lui écrivait en Paul Géraldy parce qu'elle devait adorer cette manière. D'ailleurs, j'ai toujours vu ses œuvres en évidence dans la bibliothèque de ma mère. C'est vrai, on ne peut pas savoir l'importance de ce *Toi et moi*. On s'en moque à présent, mais il est certain que c'était une époque où les hommes avaient la sensiblerie, les larmes au bord des yeux.

Mon père avait raison de se mettre à la portée de sa lectrice. Si on écrit un poème à une femme, tel qu'on sait écrire, mais qu'on sait qu'elle ne percevra pas votre écriture, quel est l'intérêt de lui envoyer un rébus ? C'est un vieux problème de composition. Veut-on être compris par celui à qui l'on s'adresse ? J'en ai fait mon devoir. Si brusquement un dimanche, je rompais avec mes habitudes, que je me mette à laisser parler l'autre, le public serait pour le moins surpris ! D'ailleurs, il l'est : quand je suis passé dans l'émission de

Michel Polac, les lettres que j'ai reçues ont été des lettres d'étonnement : « C'était pas vous. »

*

* *

L'origine de mon père, c'est le château Martin qui existe encore. Ma grand-mère maternelle, elle, habitait une ferme retirée dans les monts de Savoie. Elle était ancrée à flanc de colline, il n'y avait pas trois mètres de terrain plat. C'était la seule maison isolée du village de Vattignies-en-Roncin. À trois kilomètres de là, on trouve les grottes de la Balme, là même où s'est caché Mandrin. Tous les gens du village de ma mère sont descendants des membres de la bande. Mandrin, je l'admire et je l'embrasse. L'honneur de Lyon (et de sa région) est d'avoir abrité des ennemis publics. Bonnot était lyonnais, Raymond la Science l'était aussi. Je citerai un autre gone, Lacenaire, qui a su élever le meurtre au niveau de la philosophie. Dans ses murs gris, Lyon a engendré des révoltés. La ville avait aussi en son sein vertueux de grands pamphlétaires, tel Daudet ! Maurice Maréchal, le fondateur du *Canard enchaîné,* était lyonnais. Les vilains canards de Lyon me plaisent infiniment.

J'ai vécu pendant la guerre dans la ferme maternelle. On allait toujours chercher l'eau à la rivière, les enfants dormaient dans le pétrin qui servait de table, le maïs séchait au-dessus. La culture se faisait presque toujours à la main et quelquefois en empruntant une paire de bœufs pour les quelques labours qui étaient trop pénibles. La polyculture nourrissait le pays. Ma grand-mère maternelle était d'une famille sauvage.

Mon grand-père maternel était d'une famille de gardes-chasses employés par le comte de Rambuteau. Mon arrière-grand-mère était, paraît-il, très belle et accorte. Ce qui fait que lorsque je rencontre le comte de Rambuteau chez Castel, j'ai l'impression qu'un miroir s'avance à ma rencontre, parce qu'on dit que ma grand-mère… Mais je n'ai pas trop cherché à savoir. Mon grand-père maternel était le treizième enfant. Très jeune, il est parti à pied pour faire le tour du monde. C'était, à son époque, un acte d'anticonformisme que j'apprécie. Mais moi, je me serais très vite lassé. Ma quête est le voyage intérieur. Sans même traverser la Seine, il m'est arrivé de ne pas savoir le matin en me levant, de quoi ma journée serait faite.

5

Qu'entendez-vous par « Comme on est toujours le juif d'une caste, je suis le juif des pères jésuites » ? Vous défendez toujours les juifs. Serait-ce par parenté ou par alliance ?

Dans un de leurs collèges, les jésuites ont mis tout leur zèle à faire de moi un enfant de chœur de la religion catholique. Ils ont cru me marquer à vie et pourtant, beaucoup de gens sont persuadés que je suis juif. C'est à tel point que ma fille, qui est dans un pensionnat religieux, a reçu une paire de gifles d'une fille de dix-sept ans qui est antisémite. Dans mon courrier, je trouve des caricatures de moi dont l'auteur exagère mes frisettes, m'élargit les oreilles, me fait le nez du Juif Süss. D'où vient cette étoile jaune ? C'est peut-être moi qui la porte volontairement, dans l'esprit du roi du Danemark qui, pendant la guerre, l'avait arborée sous le nez des Allemands, par solidarité.

Il est vrai que je ne fais rien pour prouver que je suis bon chrétien. Je cite toujours la Bible avec délectation et je préfère l'Ancien Testament au Nouveau. J'affiche un anticléricalisme joyeux. Si l'on pose, aux *Grosses Têtes,* une question sur les coutumes de la religion juive, je suis le premier à répondre. À une certaine époque, pour un reportage, j'ai obtenu la médaille d'or de la Licra – Ligue contre le racisme et l'antisémitisme – avec un document tourné sur le vif, et qui a montré aux Arabes d'un côté, aux Juifs de l'autre, qu'il y avait une leçon à prendre. D'ailleurs, les deux parties m'ont envoyé leurs remerciements. Chroniqueur dans un journal du matin, je me suis fait remarquer par un article sur l'affaire Dreyfus.

Je lis couramment la Bible, c'est vrai. Mais je connais aussi le Coran et on ne me demande pas si je suis converti à l'islam. Quand je fais venir sur le plateau de *Dimanche Martin* une chanteuse noire, je suis insulté par des correspondants anonymes : « Pourquoi avoir utilisé une sale négresse alors qu'il y a une chanteuse blanche que vous ne passez jamais ! » Ces rats du racisme finiraient par me faire croire que je le fais exprès. Comme les antisémites poussent l'ancien enfant de chœur à se comporter en bon petit juif. Et si l'on est toujours le juif d'un autre, je suis celui des disciples d'Ignace de Loyola.

6

Homme de radio, puis de télévision, comédien, auteur de pièces de théâtre, parfois ténor d'opéra-comique, et même directeur d'orchestre... avez-vous souffert d'une vocation contrariée ?

À quinze ans et trois mois, je me sentais surnuméraire dans ma famille. Paris, à nous deux ! Je suis « monté » de ma province dans l'idée d'y faire du théâtre. Je crois que j'en avais vraiment la vocation. J'étais sorti de mes années de pension complètement ignare et avec des idées totalement fausses. Et ce n'est que bien plus tard que j'ai vraiment commencé mes études. La littérature avec quelqu'un, la musique avec quelqu'un d'autre, au hasard des rencontres de gens qui ont éveillé en moi la curiosité et l'envie d'en savoir davantage, alors que je ne savais rien.

Ils m'ont ouvert un champ d'horizon qui me permet de vivre fort agréablement aujourd'hui et je ne les bénirai jamais assez.

Jacques Martin me semblait être un nom beaucoup trop commun pour figurer sur l'affiche. Je me suis inventé un nom de théâtre : Fabrice de Clair-Regard. Aujourd'hui, il fait songer à un personnage échappé d'un roman à l'eau de rose. Où l'avais-je dégotté ? Quelque part, sans doute, dans les pages de Max du Veuzit[9].

Je n'ai pas voulu faire connaître à ma jeune femme les aléas du métier de comédien. J'ai songé à Bernard Palissy qui brûlait tous ses meubles dans la maison pour poursuivre ses recherches sur l'émail. Résultat, sa famille vivait dans la misère. J'ai décidé de ne pas sacrifier mon épouse au nom d'un talent hypothétique. Pour lui assurer le minimum vital, j'ai accepté de m'exiler, et je suis parti vivre pendant cinq ans en Alsace. Comme le salaire que je percevais était mince et faible, j'ai fait différents métiers dont l'opéra, entre autres. J'ai menti effrontément à l'Opéra de Strasbourg en disant que je

---

9. Max du Veuzit (1886-1952), écrivain de langue française, est l'auteur de nombreux romans sentimentaux à grand succès comme *L'Enfant des ruines*, (1938), *L'Inconnu de Castel-Pic* (1939), *La Jeannette.*

savais lire la musique, alors que j'apprenais mes partitions la nuit avec une répétitrice ; je faisais semblant de lire ce qui était inscrit sur mes partitions et je chantais mes premiers ouvrages lyriques « à la feuille », comme on dit.

La radio m'a mis sur le chemin de Paris. Il y avait à ce moment-là des troupes dramatiques dans chaque station régionale et une fois par semaine, on jouait la comédie. C'était le temps de la RTF. On enregistrait encore sur des disques spirales, les magnétos n'existaient pas, et puis j'ai été amené à mentir une fois encore en disant que, bien sûr, je pouvais chanter une opérette, que je lisais la musique, que je savais travailler le chant, alors que simplement par don d'imitation, je savais prendre la voix de baryton. J'ai même joué en apprenant phonétiquement la comédie en alsacien dans une troupe satirique, qui existe toujours d'ailleurs, et dont le patron, German Miller, a été le premier adjoint de Pflimlin quand il était maire de Strasbourg. Cette compagnie de chansonniers présentait chaque année une revue très satirique, assez méchante je dois dire, sur le sort réservé à l'Alsace par la France. En Alsace, on appelle un Français par-delà la frontière des Vosges, un Français de l'intérieur. L'Alsace, c'est un territoire, c'est une civilisation, au plein sens du terme, une civilisation rhénane. L'alsacien est une langue de culture au niveau de la grande peinture. Les musées sont remplis de chefs-d'œuvre, par exemple à Colmar, l'œuvre maîtresse de Grünewald.

Pendant ces cinq années, je me suis fait adopter par les Alsaciens, ce qui n'est pas facile. Parallèlement à cela, j'ai été maître d'hôtel, j'ai fait différents métiers, et le hasard, vraiment le hasard, m'a reconduit à Paris. Francis Blanche voulait faire ses fameux dimanches sur Europe 1 et un membre de son équipe m'a entendu et m'a dit : « Qu'est-ce que vous faites en province, venez faire un essai à Paris. » J'ai débarqué et je suis entré à Europe 1 où le directeur m'a trouvé beaucoup trop littéraire. Forcément, je venais du théâtre, je n'étais pas un homme de radio… Je me servais de beaucoup trop d'humoristes comme Alphonse Allais, Jules Renard…

Il y avait en même temps que moi, un inclassable, né la même année, un garçon qu'on aimait bien mais qu'on trouvait trop vulgaire. Il s'appelait Jean Yanne. On a réuni nos deux misères sous la surveillance d'un classique de la maison qui était Gérard Sire, et on a dit : « En mélangeant les deux, cela fera une émission. » Et on a joué les bouche-trous : cela a donné le duo Jean Yanne / Jacques Martin, qui a duré des années. Lui m'apprenait des tas de trucs. J'étais très provincial, il était très culotté. C'est vrai que Jean usait à la radio et au cabaret d'une audace de beaucoup supérieure à celle qu'il a eue comme comédien reconnu. Son culot ne consistait pas à enlever sa culotte et à montrer son cul, mais à obliger les autres à un strip-tease mental. Il poussait très loin les choses et moi, j'étais stupéfié parce que je restais très en deçà ; mais j'apportais l'autre partie textuelle et nous avons travaillé en bonne amitié. Nous sommes toujours restés bons amis et je pense toujours que s'il l'avait voulu, Jean Yanne aurait été certainement le Raimu de notre génération, car il en a la taille et la dimension. Nous n'avons fait aucun projet. Le jour où Jean Yanne est parti vers le cinéma, moi, on m'a renvoyé d'Europe en me disant que je ne ferais jamais carrière dans les médias. Je n'étais « pas fait pour cela ». L'auteur de cette prophétie était Maurice Siegel. Il avait dit à Jean Yanne : « Vous avez une voix très vulgaire », et à moi : « Vous êtes trop littéraire. » On a été virés l'un et l'autre. Pourtant, notre émission avait du succès, mais elle choquait. Il faut dire que l'on maltraitait les publicités, on allait très loin.

Je me suis donc retrouvé à la rue et j'en étais réduit à faire de la publicité à RTL. Un jour, quelqu'un à qui je dois tout – Roger Kreicher, directeur artistique de la station – a remarqué le garçon que j'étais, qui faisait mille et une voix et jouait de tous les instruments. Il m'a donné ma chance et j'ai débuté tout seul sur cette radio.

Il y avait à ce moment-là un concours de variétés que se disputaient toutes les radios d'Europe, et jamais une radio périphérique n'avait gagné cette épreuve dont le prix était remis par le prince de Monaco. Je l'ai remporté avec une émission que j'avais faite tout seul, alors que les autres radios avaient monté des orchestres. J'ai encore l'enregistrement, d'ailleurs. Et cela a été le départ de ma carrière radiophonique.

Parallèlement, j'ai été présentateur à l'Olympia, à un moment où il ne faisait pas bon l'être. Les présentateurs valsaient. Mais les connaissances que j'avais du théâtre m'ont permis de me maintenir jusqu'au jour où j'ai dit à Coquatrix : « J'en ai marre d'être devant le micro », et Coquatrix de me répondre : « Dans quinze jours, tu seras derrière. »

J'ai débuté en vedette anglaise dans un programme où il y avait Françoise Hardy en vedette américaine et Richard Antony en vedette principale. Comme on ne peut pas dire que ce sont des gens très mouvants, mon numéro n'est pas passé inaperçu. Et c'est ainsi que j'ai démarré ma carrière de music-hall.

Aujourd'hui, je reste fidèle à ma vocation première. Mon rêve est d'avoir un théâtre, pas un grand, et d'y jouer du théâtre que j'aime. On a joué une pièce de moi il y a cinq ans au théâtre Antoine. Ce n'était pas une pièce de boulevard. Mon public ne s'est pas reconnu. Le spectateur dit amateur éclairé ne vient pas évidemment, parce qu'il est bien entendu qu'être présentateur à la télé, être bateleur comme je le suis, suppose que l'on soit grossier, vulgaire, inculte. Il y a un public de théâtre, car le théâtre a toujours été, il faut bien le dire, un divertissement de caste, comme la musique de chambre. Néanmoins, on peut considérer qu'il y a eu depuis quelques années un effort d'ouverture, mais il n'en demeure pas moins que le théâtre reste un jeu réservé à un public qui se prélasse au niveau de ceux qui lisent *Le Figaro*. Donc, à ses yeux, nous n'avons pas de traits communs. J'aime pourtant le répertoire classique. Quand j'étais comédien, j'ai joué la totalité de ce répertoire. J'ai même interprété du Thomas Corneille. Croyez-moi, il faut de la patience. J'ai joué à Paris *Le Misanthrope*, dans un très beau décor et des costumes de Leonor Fini.

Ma pièce, *Une case de vide*, ce n'était pas de l'académisme, pour le malheur du directeur qui avait investi là-dedans. Bien au contraire, c'était une pièce qui se situait dans l'imaginaire. Disons que je suis très sensible au théâtre de Luigi Pirandello, au romantisme allemand, à l'humour anglo-saxon. Mais voilà, je suis classé. Vous savez, en France, on est classé par tiroir et par étiquette. Il en est de même quand un journaliste sort un livre. C'est un livre de journaliste, ce n'est pas l'ouvrage d'un écrivain-né.

7

Vous parlez avec des rabbins, vous êtes volontaire pour présenter à la télévision les émissions religieuses du dimanche matin. La Bible est votre livre de chevet. Vous êtes habité par des personnages bibliques, le roi David en particulier. Que vous apporte-t-il dans votre rapport à Dieu ?

La parabole des deniers, « Qu'en as-tu fait ? », me touche au plus vif. Car j'avais en moi la ressource de faire autre chose que l'homme de télévision, et que j'ai laissé dans l'ombre cet autre qui rêve en moi, cette part de plus, cette part d'aventure. Le rêve de ma vie, c'est un hôtel et une valise. Je ne voulais pas avoir d'attaches. L'autre ne me laisse pas dormir. Il est vrai que dans mon métier, je vis comme au milieu d'un petit château, avec une petite garde. Mais je trouve que la vie ne mérite d'être vécue que si l'on est capable, comme le roi David, de quitter ses vêtements, enfin, son apparence, sa notoriété, pour venir danser, nu, devant l'arche. Ce que lui reprocheront les prêtres qui ne comprennent absolument pas son « indécence ». Ce qui est grandiose dans sa vie, c'est que jamais personne avant lui n'avait osé se comporter ainsi. David a enfreint tous les tabous de son temps. Faut-il qu'il ait connu la violence en amour, ce roi qui au départ était juste et qui avait lui-même des ennuis de famille. Enfin, qui savait ce que c'était que la famille, à titre de roi et à titre de père, pour avoir envoyé à la mort le mari de sa maîtresse. Quand il est amoureux de Bethsabée, il envoie au front le capitaine Uri comme messager. « Allez porter ce mot au général. » Et sur ce mot, il a écrit : « Placez-le à l'endroit le plus exposé afin de m'en débarrasser. »

Mais je ne suis pas de cette lignée. Je ne suis pas capable comme André Frédérique de me suicider en faisant rire, je ne suis pas capable comme Alphonse Allais de me tuer à coups d'absinthe, comme mon père l'a fait. Regardez une photo d'Allais, il ressemble à tous les bourgeois de son temps, il a une gueule sinistre ! Et pourtant, à l'intérieur, c'est le feu… Même si je n'ai pas leurs audaces dans ma vie, je me sens proche des personnes bibliques qui ont du registre, de la dimension… Ayant peu connu ma mère et pas connu mon père, je suis plus le parent de Lafcadio, de Barnabooth… dans le fond.

Quand on découvre la littérature, on le fait seul, c'est un acte personnel. Ce n'est pas le père qui décroche le livre, c'est vous, c'est votre volonté. On vous a prêté l'ouvrage ou vous l'avez dérobé ; vous tombez sur un personnage et il vous apprend même une conduite, une manière de vivre. Lafcadio m'a énormément appris de choses dans la vie. Julien Sorel[10] aussi. Mais il serait plutôt un personnage issu de ma mère ; sa quête n'est pas la même que celle de Lafcadio, elle est tout à fait différente, mais c'est un ami. Sur ma table de nuit, il y a Barnabooth et la Bible, c'est-à-dire qu'il y a tout ce qui permet le voyage. Barnabooth se serait méfié de moi, il aurait cru que je voulais lui emprunter de l'argent. Mais à travers ce personnage, j'aime son auteur qui est mort du mal des réprouvés, la vérole ! C'est pourquoi il n'est pas dans

10. Julien Sorel, partagé entre ses ambitions et ses sentiments, est le héros du *Rouge et le Noir*, le second roman de Stendhal.

la bourgeoisie reconnu à sa juste valeur. Mais c'est un auteur admirable. Dommage que dans mon métier, je ne puisse pas avoir emprunté la peau de l'un d'eux. Ceux qui aujourd'hui jouent les maudits, les incompris, le font sans élégance, et s'ils le sont publiquement, ils ne le sont pas réellement. À part les ivrognes… Mais enfin, ce ne sont pas ceux-là qui m'ont séduit. Si aujourd'hui, on se fait un personnage public sulfureux, on rentre dans la catégorie « maudit protégé par la bourgeoisie ». De nos jours, le maudit fait partie des strates de la bonne société et devient le gourou ou le bouffon d'une égérie et intervient dans les dîners d'énarques. Dans les familles, généralement, il y a un marginal récupéré et un artiste reconnu, un curé et un banquier. Par exemple, chez les Krivine, il y a un révolutionnaire et un chef d'orchestre. Et ni l'un ni l'autre ne me touchent.

Je ne dirais pas que dans *Dimanche Martin*, je suis à la fois mon père et ma mère. J'accomplis une fonction sociale avec une règle qui n'est pas, hélas, celle de nos élites. Un intellectuel doit mettre un point d'honneur à ne pas le paraître, c'est quelque part un comportement de rigueur morale, c'est comme un ordre ; ne pas porter la croix des chevaliers de Malte par-dessus mais la porter en dedans. J'ai une admiration sans borne pour le curé d'Ars ou, plus forte encore, pour ce fils de bourgeois qui était moine, *fratello.* Saint François d'Assise, lui, il faisait mieux, il ne faisait pas *Dimanche Martin*, il faisait « Dimanche les bêtes » ! Il montrait comment aller parmi les humbles, les obscurs, sans arrière-pensée, sans idée de « faire la charité », d'être populaire, sans condescendance. Le haut qui se penche vers le bas. Combien d'hommes publics parlent à plus petits pour se sentir grands ! À mon sens, il est naturel de s'intéresser aux gens modestes, peu favorisés mais ouverts. Le bon public.

Ce n'est pas Chancel qui irait leur parler le dimanche, ce n'est pas Pivot. Ils sont l'un comme l'autre des abbés mondains qui ont mis le micro à la place de la croix ; ce ne sont pas des curés de campagne. Le vrai pèlerin, le vrai missionnaire, il ne se montre pas. D'ailleurs, les pères que j'ai connus et à qui je voue de l'admiration étaient des gens qui vivaient même en marge de l'Église. Je pense à celui qui a préfacé ma pièce. C'est lui qui m'a interpellé, et après, j'ai eu le délice de connaître le Révérend Père Marc Oraison. C'était un original proche de mon cœur, dont la hiérarchie du clergé se méfiait terriblement. Il n'avait pas de domicile fixe, il était squatter de l'Église. Il changeait d'adresse souvent. Il n'avait pas d'enveloppe à lui, il écrivait toujours sur du papier d'emprunt, un peu comme Alphonse Allais. L'article de celui-ci dépendait de la grandeur du papier qu'il trouvait au café où il s'était arrêté. Marc Oraison aussi écrivait sur des bouts de papier. Il était attaché à l'archevêché de Paris qui l'avait chargé de vérifier l'état de lucidité des bonnes sœurs qui disaient avoir vu la Vierge. Il diagnostiquait en tant que médecin et psychiatre. Dans un petit bouquin édité à compte d'auteur, il raconte qu'il était vérificateur des miracles. Une profession extraordinaire inventée par une Église qui n'aime plus du tout les prodiges. Comme si ses fidèles étaient tous devenus des scientifiques. Elle ne permet plus qu'on rêve.

Mon éducation religieuse est un poème. Ma mère allait à l'église, parce que cela était convenable. Mais à la maison, on ne parlait jamais de religion. Je ne connaissais que la légende du Père Noël et du petit Jésus dans la crèche. Quand à six ans, j'ai été mis en pension, l'histoire sainte qu'enseignaient les prêtres du collège ne m'a laissé aucun souvenir marquant. C'étaient des clichés empruntés, comme dans l'Ancien Régime, à une Bible *ad usum Delphini*, vraiment à l'usage du dauphin. Nos manuels de géographie étaient à ce point *ad usum Delphini* que le nom du fleuve Amour n'y figurait pas ! À six ans, je suis tombé sur la pire des races, celle des prêtres durs, des rugbymen de Dieu, et ils ont trouvé le moyen de me gâcher le seul mystère que j'aie connu étant enfant, le seul endroit rêvé : la religion. Comme ils ont été bêtes ! Au lieu de donner des livres benêts, n'auraient-ils pas mieux fait de ne pas nous interdire les vrais livres ? J'ai dû attendre un certain nombre d'années pour enfin trouver une traduction de la Bible qui ne soit ni protestante, ni byzantine, qui soit la Bible, au texte littéral établi. Et de quels préjugés ces bons pères farcissaient la tête bien faite de leurs élèves !

Plus tard, j'ai été confié à des juifs espagnols exilés à Paris et qui avaient grande allure. J'ai été très étonné de découvrir qu'on peut être fils d'Abraham sans avoir les oreilles décollées, les cheveux huileux, l'habit plein de cafards et sans manger les petits enfants. Où avais-je appris ces idées reçues ? Mais au collège religieux, où l'on était, par tradition, antisémite. Et antiprotestant. Je crois que les curés avaient plus à cœur de nous préserver des huguenots parce que le danger leur semblait plus proche. Un catholique pouvait devenir plus facilement protestant que juif. J'étais heureux de pouvoir contredire mes maîtres dans cette famille de séfarades. C'était le destin qui m'avait placé chez elle. J'ai tout observé avec respect et curiosité intense. Depuis la règle de nourriture kasher jusqu'à la façon de prier Dieu.

À travers cette expérience, je suis devenu, et je reste aujourd'hui, un grand lecteur de la Bible, bien que les abbés aient tout fait pour faire de moi un illettré de Dieu. C'est beaucoup plus tard que j'ai rencontré le roi David pour la première fois. J'avais vingt ans quand j'ai écouté l'oratorio d'Arthur Honegger. David est devenu mon modèle. Enfin un homme que j'admire par-dessus tout avec Jacob. Au cours de certaines crises que j'ai traversées par la suite, tout naturellement quand j'étais au fond d'un trou, j'ai lu le livre de Job, mais je n'aime pas sa passivité. Moi, je n'accepte pas de rester sur un fumier, même pour l'amour de Dieu. Donc je m'en suis sorti. Ça m'a beaucoup aidé. Jacob est aussi un proche. Lui, il injurie, il bat Dieu, il combat à l'épée. C'est la rencontre avec l'ange : « Qu'est-ce que tu es, toi ? – Je veux me battre avec toi. – Eh bien on va voir ! » Il n'a qu'un bâton, et il lui casse la gueule. Et Dieu redevient très gentil quand on lui casse la gueule. Dieu ne comprend que les coups. Et le lendemain, il lui dit : « Tu m'as baisé. Toi alors, tu es différent des autres, tu n'es pas à genoux devant moi, tu n'es pas une larve. Désormais, tu ne t'appelleras plus Jacob, tu t'appelleras Israël et une nation naîtra de ton nom. » Non, ce n'est pas la prière qui attendrit Dieu, c'est les coups qu'on lui porte. Et selon une réaction normale de père, c'est le fils le plus rebelle qu'il préfère. Moi, je n'aime pas les gens soumis ; on a déjà tous tendance à l'être. Ce qui me dérange, me gêne le plus, c'est d'être soumis à l'ordre de la société qui n'est pas mon ordre. L'ordre de Malte aurait été un ordre pour moi. Mais il n'y a pas d'ordre qui vaille qu'on lui prête allégeance. Il y a seulement deux ou trois personnes, pas plus. Je ne porte pas de jugement sur les autres, je les plains, en les voyant jouir et obéir.

Si je joue le jeu à la télévision, je ne triche pas dans ma vie. Je suis absolument incapable de tricher, alors que j'en ai les moyens en tant que comédien et avec le pouvoir du langage. Mais il ne me vient pas à l'idée de jouer à la ville Gainsbourg, de me déguiser. Lui, il triche totalement : et même Orson Welles était peut-être un tricheur. Tout le monde triche. Réfractaires !

Nous sommes des réfractaires. En ce qui me concerne, je garde la lucidité. Mais j'avoue qu'il est très difficile d'être marginal dans une société permissive. Aujourd'hui, pourquoi être ce que l'on montre ? Quand je m'aperçois que la société actuelle vous rend muet et que l'on perd ses mots à force de ne plus parler de ce qui est essentiel, je prends la liberté de penser par écrit. La vérité, il ne faut la dire que par le canal qui la fait percevoir. Si je dis la vérité tout à coup à l'antenne, ça n'a aucun sens. Elle ne sera pas perçue comme vérité. Donc, il me faut prendre une voie plus intime, celle par exemple du livre, pour m'adresser à ceux qui sont dans un état de participation active et critique.

La vérité, ce n'est pas pour moi de dire : cette télévision que je fais, je suis contre. Dire ma vérité, c'est parler de David qui danse devant Marx. À ceux qui peuvent l'entendre. Et dans ce sens, je suis parfaitement en accord avec moi-même.

*

*   *

Je pourrais présenter des émissions religieuses. C'est beaucoup plus facile que de faire du spectacle. J'y serais maintenant disposé. Sorti de mon enfance où j'avais trop mangé de curé, j'ai eu un rejet extrêmement violent. Les prêtres forment les anticléricaux, c'est bien connu. Mais je suis mûr pour leur donner l'absolution. Aujourd'hui, je considère que la religion est une forme de poésie qui en vaut bien d'autres, et je me laisse attendrir. Si je rentre dans une église et que j'entends un cantique, je suis plutôt ému. Il n'empêche que mes convictions profondes, elles, ne sont pas ébranlées pour autant, mais elles ne sont pas hérétiques.

J'appelle Dieu le « hasard ». Comme l'ont fait les chrétiens byzantins. Plus je lis la Bible, plus je le pense. Je crois que le hasard existe puisque je ne peux pas l'expliquer. Mais je ne suis pas assez auvergnat comme Pascal pour faire un pari sur Dieu. Il faut être auvergnat pour miser de la sorte.

La Bible, c'est la lecture essentielle. Le Livre des livres. On peut l'ouvrir à toute page, on peut en méditer chaque passage. Je ne puis m'en passer. Le récit n'est pas fait par un écrivain, c'est la mémoire collective d'une partie de l'humanité et toute la vie y est rassemblée. Toutes nos joies, toutes nos peines. C'est donc un livre qu'on n'a jamais fini de lire, pour peu que la traduction en soit bonne.

8

Vous êtes psychanalyste à vos heures. Bénévole. Qui sont « les paumés du petit Martin » ?

Une déception amoureuse m'avait fait trembler sur mes bases. Je me découvrais fragile mais incapable de m'expliquer certains de mes comportements. Il devait y avoir quelque relation de cause à effet entre mon enfance et l'homme que j'étais. Je le pressentais. Mais laquelle ?

J'ai décidé de partir en voyage. Déjà je connaissais de nombreux pays. Mais cette fois, il n'était pas question d'aller à l'est ou à l'ouest ou de passer les pôles. La Chine n'était pas ma destination. L'Amérique, pas davantage. J'avais rendez-vous à l'intérieur de moi-même. C'est ainsi qu'en mettant mon orgueil dans ma poche, je suis entré en psychanalyse. Et j'ai fait le plus beau voyage de ma vie. Il a duré des années. Je me suis si bien entendu avec mon analyste qu'après un long parcours, j'ai continué à travailler avec lui. Je l'aidais à faire des tests, par exemple en classant des taches d'encre de Rorschach. La découverte de la psychanalyse a changé ma vie : d'abord, en m'acceptant, j'accepte mieux les autres. J'ai perdu de mon agressivité. Je vois les gens et les choses avec une certaine distance.

Ce voyage poétique ne m'a rien révélé sur le fond de ma nature, mais j'ai compris les actes manqués de ma vie. Cet éclairage n'a pas fait de moi un homme parfait. Ça rappelle l'histoire du garçon qui conseille à l'un de ses amis d'aller consulter un médecin parce que, la quarantaine passée, il fait encore pipi au lit. J'ai moi-même fait pipi au lit pendant longtemps. C'était surtout pour embêter la literie, c'était ma façon de protester. Après quelques entretiens avec le médecin qu'il a consulté, l'énurétique rencontre son ami qui lui demande s'il a cessé de faire pipi au lit. Il lui répond : « Non, mais maintenant, j'en suis fier. » Il n'en souffrait plus et, partant, était pour son entourage un compagnon plus agréable. Quelquefois, la psychanalyse permet de trouver un équilibre, d'atteindre une harmonie et de ne pas passer à côté du bonheur.

*

*   *

J'ai trouvé une sérénité et je ne sais pas pourquoi des gens viennent à moi. Je n'en fais pas mon métier. Ils ne me paient pas d'honoraires mais j'ai eu, j'ai des gens en analyse. Et j'ai même mis au point une méthode qui m'est propre. Je ne sais pas pourquoi, je fais fonction de père auprès de mes camarades, à un point que Brel disait « les paumés du petit Martin » ! La seule chose qui me passionne dans la vie, c'est l'être humain. C'est vraiment la seule curiosité que j'aie.

Mon métier de comédien m'aide énormément car se mettre dans la peau de plusieurs personnages prédispose à l'écoute des autres. J'arrive très facilement à lire derrière le masque de la personne et à deviner assez rapidement ce qu'elle me dissimule. Sur une feuille de papier, je trace un graphique où je mets en abscisse et en ordonnée – un peu comme sur l'échelle de Richter – l'importance des secousses. « Tiens, voilà un élément : 6 à l'échelle de Richter. » Ma méthode est une analyse continue, c'est-à-dire qu'on entre chez moi et on en sort quand c'est fini. Une fois, je suis resté vingt-huit heures d'affilée : on boit, on rigole, on discute, on se dispute, mais on va au bout. C'est « non-stop ». Il se crée un climat qui fait que l'on oublie la fatigue. Évidemment, c'est impraticable pour un médecin. Vous ne voyez pas un praticien consacrer vingt-huit heures de rang à un seul patient ! Mais j'ai eu des résultats, et probants. Et, bien que les professionnels le contre-indiquent formellement, il m'est arrivé d'opérer avec des gens avec qui j'avais des liens de parenté. Pour moi, c'est possible. Je n'ai pas de raison de me placer derrière celui que j'écoute, ni de le faire allonger. Je m'adresse à un être humain. Et j'ai le droit de me fâcher, de rire, de le faire rire à travers une conversation. Je me refuse totalement à créer un vide, à laisser traîner un silence. Simplement, je m'aperçois très vite quand quelqu'un quitte la route de son vécu pour emprunter un chemin de traverse, et je cherche l'obstacle qu'il évite.

Je le fais parce que ça me passionne. Et je pense qu'il faut qu'un psychanalyste ait véritablement une somme de talents divers pour pouvoir décoder un homme. Ça ne peut pas s'apprendre. Je ne crois pas qu'un jour, on puisse apprendre la psychanalyse, comme on se forme à la psychologie de groupe. Il ne faut pas confondre analyse et thérapie. La psychologie relève de la déduction mathématique. On étudie les réactions de l'individu – seul ou en groupe – à des stimuli. La psychanalyse a été récupérée parce que les gens s'imaginent bêtement qu'ayant fait une analyse, ils seront dominants et non plus dominés et prendront le pouvoir. Ce n'est pas du tout la finalité. Je crois que lorsqu'on a résolu sa psychanalyse, on met son point d'honneur à ne pas s'en servir à son profit et aux dépens des autres. Bien au contraire, on cherche à vivre en paix avec soi et ses proches. Le drame de l'homme est que le moi est le bourreau du surmoi et qu'il n'y a pas d'avocat entre eux. La psychanalyse nous apprend à nous accepter, je ne pense pas qu'il y ait un bénéfice « politique » à en tirer.

*

* *

Mon analyse s'est passée sans cris, ni transfert douloureux, grâce à mon métier qui fait de moi un extraverti. Dans le silence d'un cabinet, je n'ai pas de peine à me raconter, même si je ne raconte pas la vérité. Je reviens très facilement sur mes mensonges.

À l'époque, il m'a fallu jouer sincèrement le jeu, d'autant que je ne présentais pas de troubles du comportement ; je faisais mon introspection comme un voyage, comme si j'étais parti voir la Chine, pas la vraie Chine, la Chine livresque. Montherlant dit dans *Le Maître de Santiago* : « Laissez aux jeunes le soin de conquérir les Amériques. Pour nous qui prenons de l'âge, les voyages sont intérieurs. »

Non seulement la psychanalyse m'a passionné à trente ans, mais elle me passionne encore à cinquante et plus. J'essaie de me tenir au courant, de voir les courants déviationnistes. Je pense réellement que ce n'est pas une thérapie, cela exige du psychanalyste un talent inimaginable. Il doit se mettre à l'écoute de quelqu'un, étudier ses comportements, faire émerger le non-dit, pour finalement l'amener à constater ce qu'il est ; je ne vois pas quelle école pourrait apprendre cela. C'est un métier d'artiste, la psychanalyse. Il y a eu des progrès depuis Freud, c'est vrai, mais le parcours du chercheur de Vienne était très modeste. Il a dit : « Je n'ai rien découvert, j'ai ouvert un chemin. »

Mon expérience est assez loin de l'utilisation que les jeunes intellectuels parisiens en font. Moi, je ne suis pas du tout lacanien, mais ce que je lui reconnais, c'est l'énorme travail qu'il a fait sur le signifiant et le signifié. C'est quelque chose que j'ai lu et dont j'ai saisi l'intérêt. Pour le reste, je crois qu'on s'est beaucoup perdu dans le pédantisme. Paradoxalement, bien que découverte par Freud, la psychanalyse ne peut pas être judaïque. Si on avait quelque chose à reprocher au médecin autrichien, ce serait l'influence du judaïsme, et même plus tard, de l'aspect judéo-chrétien dans la psychanalyse. Il faut faire complètement abstraction de ses racines. Ce n'est pas donné, c'est le plus difficile. Il ne peut pas y avoir une psychanalyse chrétienne, une psychanalyse protestante. Non, sans réduire l'apport de Freud, il faut voir au-delà de ses limites. Il n'a pas résolu son œdipe, sa sexualité. Mais son génie a ouvert le chemin, Freud emprunte le sentier du canal déférent. Il a inoculé à la société le microbe de l'introspection. « Qui suis-je à l'intérieur ? »

En France, la psychanalyse n'est pas vraiment prise au sérieux. On la prostitue dans le langage des médias ou on en a peur. Il faut voir la haine avec laquelle certains médecins la vouent aux gémonies parce qu'elle leur échappe et qu'ils sentent que c'est plus un art qu'une technique.

9

Vous comparez le métier de comédien à une maladie mentale. Un fou qui finit par se prendre pour Napoléon IV. Votre version du Paradoxe du comédien *de Diderot est toute personnelle…*

Le nombre d'or de ce que devrait être le métier d'acteur, je l'ai appris avec Denis Diderot. Je l'ai découvert dans *Le Paradoxe sur le comédien* qu'il a écrit en 1770. Dont acte. Mais il a oublié un paramètre, il est parti d'une fausse donnée car il a établi ce nombre d'or en supposant que le comédien était un personnage normal, équilibré. Or, je prétends – et ça fait plus de trente-cinq ans que j'évolue dans ce métier – que le comédien est un personnage névrotique et qu'il s'établit très vite un rapport très étrange entre sa « persona », c'est-à-dire le personnage qui l'a rendu célèbre, et lui-même. Que nous enseigne Diderot ? Il dit que pour être le meilleur interprète, il faut être complètement détaché du personnage que l'on joue, de façon à contrôler des gestes que le rôle exige. Ce conseil s'adresse à quelqu'un d'équilibré.

La carrière du comédien est en fait l'évolution d'une maladie mentale.

Où le métier d'acteur recrute-t-il ? Dans cent pour cent des cas, les jeunes gens ou les jeunes filles attirés par le théâtre s'imaginent, à tort ou à raison, ne pas être aimés ou aimables. Comme le reste de l'humanité, ils ne peuvent se passer d'amour sous peine de mort. Pour compenser, ils vont fabriquer quelque chose, n'importe quoi qui leur amène un amour artificiel : c'est celui du public, puisque le public est une entité. Les plus heureux d'entre eux parviendront à imposer cette image de marque, ce masque. Les plus malheureux en crèveront. Telle est la phase un de la maladie.

Et puis vient la deuxième phase, la plus dure à supporter, le moment où l'acteur a réussi et où il hait le masque qui le hante, la rage d'autodestruction qui l'anime au faîte de sa gloire et au moment de la cinquantaine est absolument étonnante. Il faut lire l'histoire d'Hollywood pour s'apercevoir à quel âge les gens commencent à boire, et les litres d'alcool et les doses de drogue qu'ils mettent entre eux et eux-mêmes. Le nombre d'acteurs qui se suicident la chevrotine dans la bouche, qui écrasent leur voiture contre un arbre, est symptomatique. Le métier de comédien au degré trois est une passion, un calvaire.

Au degré quatre, on ne souffre plus... L'exemple classique du degré quatre, c'est Alfred Dieudonné – Abel Gance l'avait pris pour jouer Napoléon. Il était Napoléon. Il a vécu jusqu'à sa mort comme étant le Petit Caporal. Vous l'auriez croisé, il marchait comme lui, une main dans la redingote, et il est certainement mort d'un ulcère à l'estomac. Il s'est comporté comme un mystique stigmatisé ! Cet homme était atteint d'une maladie qu'on pourrait appeler « la napoléonite aiguë ».

Le personnage né des fantasmes de Jean-Pierre Melville est extraordinaire ! Il faut revoir tout le cinéma du ci-devant pour s'apercevoir qu'il traduit complètement la sexualité du metteur en scène. Il a trouvé exactement l'acteur qu'il fallait pour créer le personnage. Delon en rajoute : le samouraï, le mec solitaire, le flingue. Les gonzesses : rien. Les autres : rien. Delon a même poussé le bouchon un peu loin, il a pris de sacrés risques. Il joue à la ville en lunettes noires le samouraï, le chevalier, le symbole de l'hyper-virilité. Alors que personne ne songe à porter un jugement sur ce qu'il a été adolescent, Delon veut nous le faire oublier. La vengeance de son fils contre le père est une vengeance shakespearienne. Or, nous vivons dans un milieu où on se fout totalement de savoir les mœurs des gens. Et pourtant, nous appartenons à une génération qui sait très bien comment il est devenu Delon. Mais on n'en tient pas compte. Lui, ça l'obsède. Alors, il affiche une virilité démesurée. Et il fait joujou, le soir. C'est la phase quatre.

Reprenons les quatre phases cliniques pour mieux suivre l'aggravation du mal. Phase un : trois quarts de la raison contrôlent un quart de la déraison : c'est l'idéal. Petit à petit, la maladie gagne du terrain. Il ne reste plus que la moitié de soi qui contrôle une autre moitié. Là, on commence à jouer le Christ, et le soir, on dit à sa maîtresse et à ses amis : « En vérité, je te le dis. » C'est le cas brélien. Jacques Brel disait : « En vérité, je vous le dis… » Le cas trois, c'est trois quarts de ce trouble du comportement, avec un quart de raison. Et le cas quatre, c'est la fin. À ce stade-là, on ne souffre plus. On est Napoléon ! On est le docteur Schweitzer !

Diderot définit le comédien tel qu'il devrait être, mais tel qu'aucun comédien n'est. Quelle maladie ! Elle fait terriblement souffrir. Et puis, quand on échappe complètement à la raison, on est désensibilisé. J'ai une photo de Marie Marquet qu'elle a dédicacée à Maurice Escande : « À toi Maurice, en remerciant Dieu qu'il nous fit si beaux l'un et l'autre. Marie Marquet. » Le viol de Marie Marquet (1,80 m), qui se fait sauter dans l'uniforme de l'Aiglon par Edmond Rostand (tuberculeux, 1,10 m) est un cas de perversion pathologique. Sarah Bernhardt désigne Marie Marquet pour la doubler dans *L'Aiglon*. L'actrice était une femme dragon. Le duc de Reichstadt est un garçon tuberculeux. Après la deuxième représentation, elle se rend dans l'hôtel particulier d'Edmond Rostand qui est tout petit et lui-même malade des bronches. Et l'auteur se farcit le personnage.

C'est parce que, à temps, j'ai vu venir le danger, que je me suis tourné vers le journalisme, la musique et la cuisine – ces trois artisanats ont le don de me rééquilibrer. Le monde du théâtre est pour moi une clinique, dans la fosse de laquelle je me suis promis au nom des miens de ne pas sombrer.

Interrogez cent comédiens. Au départ, il y a un père qui a manqué, une mère qui a failli, il y a une enfance de solitude, il y a une souffrance et un besoin d'amour éperdu. Alors, on se crée un masque, la « persona », derrière lequel on va se faire aimer. On se fait le masque de Juliette… Il y a une part de soi dans la « persona », mais l'acteur se trompe complètement s'il ne comprend pas que le public n'existe pas, qu'il est une entité, et que c'est une folie, par exemple, comparable à celle que je ferais si je me plaçais devant mon mur en lui disant : « je t'aime ». C'est-à-dire que j'investis de la passion sur un objet qui ne peut pas vous le rendre. Le public ne vous rend rien, en tant que tel. L'acteur joue avec, mais il ne reçoit que le reflet de soi. C'est un amour factice.

Avec le public de télévision, la relation devient encore plus factice et on ne peut plus douloureuse. Si je joue la comédie sur une scène de théâtre, j'ai au moins en face de moi des êtres humains qui réagissent à ce que je dis. J'en ai complètement besoin, je ne parlerais pas s'il n'y avait personne en face de moi. À la télévision, on tient une conversation sans personne, vous vous adressez à des gens totalement indifférents, derrière des cailloux et vous n'entendez rien de leurs réactions. Si vous dites quelque chose de drôle, vous n'avez pas de rires, quelque chose de scandaleux, il n'y a pas de « oh ! ». Vous n'avez en face de vous que le silence, ce qui est la chose la plus impressionnante à dominer. Voilà pourquoi j'ai pris le parti de faire des émissions en public. Encore que les réactions soient diminuées, d'autant qu'il y a entre ce public et moi une quantité d'appareils qui gênent la vue et qui coupent carrément le contact. La télévision est très dure à pratiquer, il faut avoir un imaginaire puissant pour supposer son interlocuteur.

Je n'ai pas de relations privées avec des comédiens ; j'ai un copain qui est médecin, un autre qui est chercheur à la Sorbonne. Mais souvent, ceux avec qui je travaille viennent me dire qu'ils étouffent, qu'ils vont mal, que tout le monde les hait. J'ai observé des cas très graves. Lorsque j'ai tourné avec Romy Schneider dans son dernier film, elle était atteinte de la maladie de la persécution. Si, à l'autre bout du studio, je lui demandais l'heure, elle arrivait les lèvres écumantes : « Qu'est-ce que vous dites contre moi ? » L'acteur est quelqu'un qui pour jouer utilise un trouble de son comportement, il me fait un peu songer au Bossu qui se servait de sa bosse et la louait comme une écritoire. Je n'ai guère rencontré dans mon métier d'acteur ou d'actrice qui fût équilibré. Et les plus dangereux, ce sont ceux qui finissent par croire qu'ils sont le Christ et qui souffrent véritablement en scène, comme certains sociétaires de la Comédie-Française que j'ai vus et qui sont restés aveugles vingt minutes après avoir joué *Œdipe*.

J'ai entendu un sociétaire du Français dire : « Lorsque je meurs au dernier acte, si le public n'applaudissait pas, mon âme ne rentrerait pas dans ma carcasse, et je serais mort. » Vous avez des comédiens qui présentent les mêmes caractéristiques que les stigmatisés. Je ne veux pas les citer parce que c'est un secret professionnel, mais leur état est très alarmant. Généralement, la « persona » qu'ils ont fabriquée est le contraire d'eux-mêmes. Celui qui joue un dur est le faible dans la vie ; celui qui a réussi dans la carrière de gangster, le type hyperviril, cache derrière lui, généralement, quelqu'un qui n'est pas très sûr de sa sexualité. En cela, Diderot s'est trompé là-dessus. Il n'a pas tenu compte de ce que, s'adressant à des comédiens, on n'a pas affaire à des gens normaux. Un homme normal est dans l'impossibilité de jouer la comédie, pour l'excellente raison qu'il n'éprouve pas le besoin de vivre autrement qu'à l'intérieur de lui-même.

Les comédiens que j'ai connus et qui ont résisté aux atteintes du mal vivaient avec une femme qui était leur mère. « Toto, reviens à la maison, on ne joue plus ! » Très vieux, le comédien se bonifie quand il sait que la route est faite. Sur le tard, Jean Marais a commencé à dire la vérité. Dans son spectacle hommage à Cocteau, il passait son temps à démystifier : « Mais non, ça ne s'est pas passé comme ça ! » C'était extraordinaire. Un seul comédien a eu conscience de l'anormalité des comédiens, c'est Molière. Le sous-titre du *Misanthrope* indique « un atrabilaire amoureux ». Molière a, quelques siècles avant Freud, saisi le phénomène de la paranoïa.

10

Vous êtes en mal de théâtre. Et pour vous le théâtre va mal.

Le comédien a gardé quelque chose du caractère sacré dont il était doté dès la Haute Antiquité. Dans le théâtre grec, c'était un personnage possédé par la divinité. Il en est resté un complexe dans ses rapports avec le public, même dans nos sociétés du prêt-à-porter. On ne se l'explique pas, on le redoute, on le craint et on exige qu'il ait lui-même peur avant d'entrer en scène. Les jeunes ne nous abordent pas comme l'on aborde un médecin ou un architecte. Et les gens sont très étonnés quand ils s'aperçoivent que quelques-uns d'entre nous mènent une vie dans le fond très conformiste, très simple. Pourtant, la République s'emploie à banaliser et à embourgeoiser les saltimbanques. L'honorariat est entré dans notre métier à la fin du siècle dernier, par l'entrecuisse des sociétaires de la Comédie-Française qui ont réussi à arracher des bouts de médailles : des femmes ont eu la Légion d'honneur. On s'est mis à décorer le comédien. Il devient de moins en moins déshonorant d'être baladin, bien au contraire. Une famille normale serait déshonorée qu'un des enfants ne soit pas ou chanteur ou acteur. L'université est entrée au théâtre. Des metteurs en scène l'ont envahi avec la nouvelle arme de la *Kultur* : « Reprenons tous ces ringards, tous ces funambules, tous ces capitaines Fracasse et ennoblissons-les avec notre savoir. » En fait, cette exorcisation qui prétend donner au comédien le rang social auquel il a droit, traduit un mépris total et une haine profonde pour ce qu'il est réellement.

Autrefois, c'était le doyen de la troupe qui conduisait ses camarades. Les comédiens qu'on appelait « patron » – j'en ai connus : Jouvet, Marchat, Dullin – étaient fort intelligents et on les appelait « patron » par respect. Mais la vérole est arrivée avec le cartel. Maintenant, on ne monte plus *Le Misanthrope* de Molière, c'est *Le Misanthrope* de XYZ. L'auteur a disparu ! Ce n'est plus le *Faust* de Gounod, ce n'est plus la *Carmen* de Bizet, c'est la *Carmen* d'un cinéaste qui a monté *Carmen* et a remplacé la musique de Bizet par les quatuors de Beethoven. Pourquoi devient-on metteur en scène ? Celui qui n'a pas le comportement anormal du comédien s'aperçoit que, nonobstant tout ce que l'on peut lire sur le théâtre, tout le travail que l'on peut effectuer, il est incapable de faire du théâtre. Il se met à détester *Andromaque* et à le monter sur vélocipède. Il se met à haïr *Carmen* et à essayer n'importe quoi pour casser cette espagnolade. Il monte *Faust* de Gounod, dans les costumes de Labiche. J'ai vu *Le Misanthrope*, se passant dans un asile au temps de la Révolution, avec Alceste revêtu d'une chemise des hospices civils et traînant un seau hygiénique à la main. C'est *Le Renard et les raisins*. Le théâtre est un artisanat. Et Guitry le dit très bien dans une de ses pièces où un père recommande à son fils : « Et surtout, ne sois pas trop intelligent ! »

Le metteur en scène se substitue à tout, même au public – et à la pensée du comédien (il est bête), à sa gestuelle. Il a l'habitude de se situer à un endroit de faille que nous retrouvons dès le départ. Le comédien doute de lui parce que c'est un mal aimé ; on lui a dit quand il était petit :

« Tu es laid, on ne t'aime pas, tu n'es pas aimable. » Et c'est à ce point de faiblesse que vient se situer le metteur en scène qui lui dit : « Coco, c'est pas très bien ce que tu fais... » Si on veut blesser un comédien, il ne faut pas chercher à le toucher dans sa personne humaine, il faut piquer sa « persona ». Si vous dites à un comédien : « T'es un con ! », vous ne l'atteindrez pas. Mais en revanche, si vous lui dites : « Tu étais à chier hier ! », vous lui faites un mal affreux. Et c'est à ce niveau-là que les metteurs en scène interviennent, au niveau du doute que l'on a lorsque l'on fait quelque chose.

Si vous dites à une mère : « Vous n'êtes pas intelligente ! » bon, vous lui faites de la peine, mais si vous lui dites : « Votre fils est laid », vous l'exécutez. C'est le même problème pour les créateurs. On s'en prend à leur travail, leur œuvre : « Ce que vous venez de faire est une nullité ! », on touche à leur enfant imaginaire, on atteint ce qu'ils ont mis au monde. Et c'est à cet endroit de doute que viennent s'installer deux personnages : l'imprésario et le metteur en scène. Le metteur en scène n'est ni un auteur dramatique, ni un comédien. Et ce sont, pour la plupart, des androgynes qui émasculent complètement...

*

* *

De quoi meurt le théâtre ? Il manque d'une absence totale de folliculine. Prenons un metteur en scène comme Claude Régy[11]. Vous le tuez en lui montrant un sexe de femme alors que tout le théâtre repose sur la guerre que se livrent les deux sexes. Tout le théâtre ! Même quand il n'y a pas de femmes en scène, comme dans *L'Arlésienne.* Les metteurs en scène ont une telle peur de ça, qu'on en arrive finalement à supprimer ce qui fait la motivation d'une pièce : la peur de la femme ! Pourquoi n'y a-t-il plus de stars ? Pourquoi les homosexuels se sont-ils jetés sur l'art lyrique ? C'est parce que les cantatrices sont énormes, pèsent leur quintal. Ce sont des femmes qui, en réalité, n'existent pas : plus elles sont grosses, plus elles sont idolâtrées. Ce sont des mères mortes. Par définition, l'homosexuel est quelqu'un qui adore se déguiser. Le théâtre est trop tentant. Ce n'est pas la vie, ce n'est pas la réalité, ce n'est pas l'enfer du quotidien, c'est un monde très attirant. Le directeur du Palais royal, M. Rouzières, a

11. Claude Régy (1923-) est l'un des plus novateurs metteurs en scène de théâtre français.

monté dans son théâtre le plus grand succès de ces dix dernières années, *La Cage aux folles.* De quoi s'agissait-il ? De montrer pendant deux heures, en se moquant, à des millions de lecteurs du *Figaro* et de rotaryens, la vie privée d'un couple d'homosexuels ! Les gens hurlaient de rire, comme à l'époque où le personnage central du théâtre était le juif graisseux et enrichi qui venait d'acheter le château à une famille noble ruinée. Lors de la réception du juif, nouveau propriétaire du château des de Haye de Broussard de Lamotte, tous les poncifs y passaient : le bruit en lapant sa soupe, le prix du vin qu'il offrait... enfin tous les traits de la caricature hargneuse. Ce théâtre-là a aussi fait salle comble. Après les juifs, ridiculisons l'homosexuel daubé. Je suis parti au premier acte de *La Cage aux folles* tout en gardant mon amitié à Poiret et à Serrault. C'est une pièce affreusement raciste. L'homosexualité est une minorité comme une autre. Je trouvais ça monstrueux ! Et la joie des spectateurs, malsaine. J'avais découvert une pièce anglaise originale, *La Grosse.* C'est un chef-d'œuvre de tendresse, de désespoir, de vérité. Je voulais l'adapter, mais, hélas, quelqu'un d'autre en a fait une pièce pour faire rire gras. Respectons l'homosexualité.

L'Escalier est une pièce complètement respectueuse. *Mort à Venise* est également respectueux. Mon ami Chazot a fait toute sa carrière comme pédéraste mondain. On ne pouvait pas organiser un dîner sans qu'il y soit. Il disait tout haut ce que l'on n'avait jamais osé dire. Chazot est un monsieur supérieurement courageux, heureux, tendre. Quand il arrive, il ne veut pas qu'on dise : « Ouh ! la voilà ! » Alors, il prévient tout le monde en s'annonçant : « Voici la… » Il tire le premier, parce qu'on ne peut pas tirer plus fort que lui se tire dessus ! Ce qui lui fait très mal, ce qui le condamne aux lunettes noires pour cacher ses larmes.

Chez Castel, dans le milieu des noms à tirets, il y a un juif de service qui fait exactement la même chose. Il paye tout pour qu'on ne dise pas que les juifs sont radins, et il arrive en faisant : « Bonchour… je suis content de vous… » Il tire le premier. Il les a toutes apprises par cœur, les histoires juives. Il en invente. Là, plus personne ne peut en rajouter. C'est le côté agressif des minorités.

*

*   *

Revenons au pillage du répertoire classique par les metteurs en scène. Ils fauchent ce qui a été destiné à tout un public pour se l'approprier. Ça me rappelle une histoire que j'avais écrite : à La Garenne-Colombes, où des voyous se donnent rendez-vous, il y a aussi un petit garçon qui joue du violon. Et les autres ne peuvent pas supporter. Alors ils lui cassent son violon. Ils lui cassent la gueule. Là, ils aiment. C'est comme au concert rock. Il se passe la même chose avec les metteurs en scène d'aujourd'hui qui ne supportent pas le génie des auteurs classiques.

J'affirme, en mon âme et conscience – pour l'avoir joué, lu et relu – que premièrement, à aucun moment dans *Le Mariage de Figaro*, Suzanne et la comtesse n'ont de rapports sexuels. Vous pouvez prendre le livre dans tous les sens... je vous jure ! Deuxièmement, le texte de Beaumarchais est si lourd de conséquences qu'il faut à peine y toucher. Tout le jeu de la liberté face à tous les pouvoirs. Quelle idée saugrenue de supposer qu'au premier acte, la comtesse et sa suivante... C'est une méconnaissance totale des mœurs de cette époque, et rien dans le texte ne justifie ça. Qui veut-on scandaliser ? Les bourgeois ? Même plus ! La pièce ne se passe pas dans un lavoir.

J'affirme que jamais Racine n'a voulu qu'Hippolyte se poignarde le zizi avec un culot de bouteille, comme je l'ai vu au Conservatoire. J'affirme, respectueux de l'époque, ligne par ligne, de la règle des trois unités, de ce qu'est le théâtre du XVIIe siècle français, qu'à aucun moment, il n'y a place pour ça. Bien sûr, je suis de ces imbéciles qui n'ont rien compris à ce qu'est l'histoire de Phèdre.

*

* *

Notre métier était tout simple au départ : nous étions là pour distraire nos contemporains. Nous étions là pour leur procurer deux heures de dépaysement. Nous restions modestes. La politesse de notre métier consistait à vous raconter une histoire – vous savez qu'elle est fausse – et à vous laisser le soin d'en déduire la morale. Aujourd'hui, loin du divertissement, un spectacle, c'est de l'enseignement. « Dites donc, vous n'êtes pas là pour votre plaisir. »

Ces tyrans metteurs en scène se trompent. Très exactement comme les gens qui font France-Musique. Vous entendez des discours absolument sémantiques. Et quand vous avez le bonheur de rencontrer des musiciens, de la qualité de Rostropovitch ou de Maurice André, des gens de réputation mondiale, vous vous apercevez que ce sont des gens simples, le cœur sur la main, riant de leur métier. Il n'y a pas de plus grand farceur que Rostropovitch ! Il n'y a pas un homme plus gentil ! Ne se prenant surtout pas au sérieux ! Et ils éclatent de rire, eux, en écoutant France-Musique. Seulement, ils ont la trouille ! Un peu comme les restaurateurs face à Gault et Millau. Et quand un clerc de France-Musique interviewe Maurice André – qui est la simplicité, la gentillesse mêmes, avec sa tronche, son corps de Falstaff et ses lèvres de Roméo : « Pensez-vous que dans le deuxième mouvement de la symphonie pour trompettes de Vivaldi, les quatre premières mesures… », l'autre s'efforce de tenir le langage, mais n'y parvenant pas, il se contente de : « Oui, oui, oui. » La musique comme le théâtre, c'est un métier de terrien. Ils rient, les musiciens ! Mais ils rient sous cape. Et s'ils sont invités de France-Musique, ils y vont ! Exactement ce que Gault et Millau ont imposé à la cuisine. Maintenant, si on ne fait pas de l'émincé de saumon, avec trois haricots bottelés, on est voué au diable ! Ne plus pouvoir dire que la soupe est mauvaise, j'appelle ça du terrorisme culturel !

Au fort de Vincennes, on a représenté *Le Misanthrope.* Tous les personnages étaient des malades mentaux. Molière a voulu décrire un caractère qui existe encore dans nos salons. Aucun des personnages n'est ridicule, sauf Alceste, qui présente un trouble du comportement. Et Molière le jouait comme tel : il se roulait par terre, il cassait les meubles. Seulement, au XIXe et au XXe siècle, le sociétaire de la Comédie-Française qui prenait le rôle d'Alceste, lui, ne voulait pas se rouler par terre et casser les meubles. Il en a fait un homme digne et vertueux qui refuse les ridicules de la mode et il nous a légué un contresens. L'Alceste de Molière est un personnage qui pique des crises de nerfs et qui, au XVIIe siècle, au quatrième acte, lève la main sur Célimène. Lève la main ! Casse les meubles ! Hurle ! Tempête ! Il est fou ! Tous les autres sont normaux dans cette pièce. C'est clairement indiqué.

Si demain, je monte *Le Misanthrope* dans le décor tel que décrit, dans les costumes tels que décrits, en jouant la pièce telle qu'elle est, ce sera jugé par la critique comme étant quelque chose de banal, de dépassé, de ridicule.

Le grand problème est posé : les Français ne sont ni musiciens, ni amateurs de théâtre.

Ce n'est pas moi qui l'ai dit, c'est Jean-Jacques Gautier[12].

*
*   *

Je suis complètement agnostique. Je ne crois pas du tout aux hommes politiques. Je pense que c'est le dernier des métiers. Nous au moins, les comédiens, nous mentons, mais à la fin, quand le rideau se relève et que Cyrano ou Roméo vient saluer, il fit : « Eh bien, vous voyez, je ne suis pas mort. » L'homme politique joue quelque chose, mais il ne dément jamais. Il n'a même pas cette politesse. Alors parfois, il y a des grands fous qui traversent l'histoire, qui se prennent pour Homère. Et ceux-là seuls sont émouvants. Je pense à de Gaulle, à Saint-Louis, parfois à Louis XIV. Mais la politique contemporaine est d'une platitude… Oh, je n'ai pas de mépris pour les politiques. Je pense seulement que c'est un petit métier, un tout petit métier.

---

12. Libéré des Allemands en 1941, Jean-Jacques Gautier (1906-1986) occupa le poste de secrétaire général de la Comédie-Française jusqu'en 1946. Critique dramatique, romancier et journaliste, il fut élu à l'Académie française en 1972.

11

Vos rapports avec le public ne sont pas de tout repos. Vous les dites même « dangereux ». Vous avez une éthique pour ne pas perdre le contrôle ?

Depuis quatorze ans, une téléspectatrice me prend pour le fils de Dieu. Je suis le Radar géant, le seul descendant du Créateur. Cette femme idolâtre est atteinte gravement. Elle vient à toutes mes émissions, m'assure-t-elle. Je lui envoie un rayon radar qui lui permet de vivre. Et pendant que je suis sur le plateau, elle prie. Le jour où j'ai eu mon troisième enfant, Frédéric, elle m'a écrit : « Dieu ne doit pas avoir d'enfant ! » Elle est venue chez moi avec un revolver, dans l'intention de supprimer en moi l'homme qui trahit le dieu qui l'habite. Ce qui me fait très peur, c'est que cette femme travaille au ministère de la Défense. Rien dans son écriture ne décèle qu'elle est atteinte d'érotomanie, c'est-à-dire qu'elle a fait un transfert sur un être. Je suis Dieu. Elle cite mes références : la Bible, l'Évangile… Je suis Dieu. Lorsque sa fille a eu quatorze ans, elle me l'a offerte en holocauste. J'ai vu arriver un jour une gamine de quatorze ans qui m'a tendu un cahier d'écolier. À l'intérieur, une photo sur laquelle elle était nue. Sa mère me l'offrait, comme Abraham, son fils.

Je reçois des coups de téléphone d'un garçon qui hurle de douleur : je suis seul à pouvoir le sauver parce qu'il marche sur des coquilles saint-Jacques…

Dans mon courrier, des lettres aussi étranges : une dame qui habite Bar-le-Duc et qui m'écrit : « Mon mari, portugais, est jaloux, et je vous écris depuis la table de la cuisine où je suis attachée par une chaîne… C'est une voisine qui mettra la lettre à la poste. » Dans ce cas, je vais alerter le service social de Bar-le-Duc, car la lettre ne trompe pas.

L'homme de télévision est le père confesseur des gens seuls. Évidemment, le personnage que je suis à la télé n'existe pas, mais on lui dit tout.

L'idole a droit également aux actes de mutilation. Quand je parais sur la couverture d'un magazine, je reçois dans la semaine qui suit une centaine de lettres avec ma couverture où l'on m'a crevé l'œil, noirci les dents, abîmé les traits. C'est dire que j'ai affaire à un vaste public. D'ailleurs, je considère que toute personne qui écrit à une radio ou à une télévision est quelqu'un qui a de sérieux problèmes. Je crois que c'est Rocca qui disait : « J'appelle midinette toute personne qui pense que Jean Marais ferait un bon mari. » Le courrier que reçoivent les gens de télévision est clinique pour une grande part.

Il est arrivé plusieurs fois que des gens bondissent sur moi pendant une émission, se méprenant sur ce que je disais. L'homme public est prisonnier de sa popularité. Il y a un tas de choses que je ne peux pas faire. Je ne peux pas emmener mes enfants à la foire, je serais cerné et si je ne faisais pas un sourire à tout le monde, très vite le public deviendrait agressif. J'arrive dans un restaurant : quelqu'un vient me demander une signature. Puis un deuxième et un troisième… bientôt cinq. Si je m'arrête à ce moment, je deviens salaud, prétentieux. C'est l'histoire d'Eric von Stroheim à la Kermesse aux Étoiles. Il avait dit : « Je viendrai signer de deux à quatre heures. » À quatre heures, il arrête. Arrive un couple à quatre heures deux.

– Je suis désolé, madame…

– Nous sommes venus de si loin… mon mari, ma fille et moi. Nous vous admirons tellement ! Ah, maître, seulement une signature !

– Madame, il est quatre heures deux.

– On a vu tous vos films ! Vous êtes notre idole !

– Madame, c'est quatre heures deux.

– Sale boche !

Le public est comme ça.

La foule est le fluide le plus dangereux qui existe au monde. Je peux le dire pour l'avoir pratiquée, pour avoir vu des assemblées de vingt-cinq mille, trente mille personnes. Je ne sais pas ce qui se passe dans une réunion composée d'une majorité de gens bien portants. Quel est le point de rupture, la masse critique ? Brusquement, la foule devient un magma qui peut déborder, s'écouler, totalement incontrôlable. Une foule qui pousse est une vague océanique qui déferle.

Incroyable mais vrai : j'ai arrêté l'émission quand j'ai senti la déviance. Au début, la curiosité était saine. On applaudissait au courage, au défi de l'homme. J'aime bien l'incroyable. Je connais plein de personnages « héroïques ».

Mais quand j'ai constaté que ce n'était plus les personnages qui intéressaient le public, mais la voiture qui explosait, la catastrophe, la mort devant la caméra, j'ai tout stoppé. « Je peux tirer dans la bouche de mon frère à vingt mètres de distance avec un fusil de guerre ; je peux sauter le grand canyon... » Le spectacle virait au voyeurisme morbide, aux jeux du cirque sanglants. Et pourtant, il marchait bien. Mais j'ai arrêté parce que l'exhibition me semblait immorale, elle rejoignait la violence gratuite de *Mad Max*. Et moi, je ne laisserais pas faire ça le dimanche.

La mort, à mon sens, n'est jamais un spectacle.

Il est malsain d'aller voir toréer les matadors qui paradent avec la braguette présentoir. Qu'est-ce que la « corrida della morte » ? Les abattoirs de la Villette dans les costumes du Châtelet. Je sais que les foules courent à Nîmes. Vous avez regardé les arènes par le hublot d'un avion ? On dirait des chiottes à la turque. N'en déplaise à la virilité douteuse de Montherlant qui disait se réchauffer au sang du taureau et au goût morbide de Papa Hemingway.

Le cinéma et la télévision ont un impact énorme ; plus que le livre, parce que le livre n'est accessible qu'à des gens que l'on a initiés à l'art de la lecture. La télévision est plus réaliste, même quand elle passe de la fiction. C'est pour ça qu'elle est plus dangereuse. Prenez un film de cow-boys dans un cinéma de banlieue et placez une caméra à la sortie. Vous allez voir les petits loubards, il ne leur manque que les éperons. Allez à la Bastille un vendredi : il y a tous les personnages pour faire un film de terreur : *L'Équipée sauvage* (qui a été le premier film avec une bande de motards qui jouaient avec la mort). La fin était moralisante. Mais dans *Mad Max*, elle ne l'est pas puisque les policiers se conduisent aussi mal que les autres.

*
*   *

Le « charity business » qui occupe beaucoup les écrans de télé m'est devenu insupportable moralement. Trop, c'est trop. Pourquoi ne pas ouvrir au CNIT chaque année le « Salon des bienfaisants » ? Ce que je reproche aux émissions du cœur, c'est qu'elles visent la bourse de gens qu'on attaque au niveau de la sensiblerie et non pas de la sensibilité. C'est déchirant de voir des grands-mères se séparer d'un billet de cinquante francs qui représente, peut-être, la moitié de leur semaine. N'est-ce pas un peu lâche d'abuser d'un moyen aussi fort que l'audiovisuel pour aller taper des gens démunis ? Les mille cinq cents entreprises françaises pourraient faire l'appoint.

*

* *

Le zèle hostile de la critique qui m'a longtemps fustigé n'est plus ce qu'il était. Dès le début, le public ne l'a pas suivi. Mais j'espère que la sympathie qu'il me porte encore ne varie pas en fonction inverse de la dureté de la critique. Comme celle-ci baisse la garde… L'amour n'est-il plus ce qu'il était ? Tous les plaisirs s'amenuisent. Je n'ai jamais pu rester indifférent à ce que l'on écrivait de mon travail. J'ai conservé cinq ans dans mon portefeuille la coupure de la première critique qui me massacrait. J'imaginais à cette époque que tous les gens l'avaient lue et me regardaient d'un œil différent. Aujourd'hui, je ne porte plus ces « stigmates », mais je ne suis pas complètement insensibilisé.

La longévité de *Dimanche Martin* agace plus d'un intellectuel subventionné.

« Non mais, il leur sert la messe. »

« Flatteurs ! L'émission a treize ans. La messe a deux mille ans. Encore de beaux jours. »

« Quoi, vous pourriez nous faire ça jusqu'à la fin de votre dernier jour ? »

« Ça ? » Comme si l'émission n'évoluait pas. Tous les deux ans, elle se renouvelle. *Dimanche Martin*, ce n'est jamais qu'un titre en général. Dans ce cadre, il y a eu des émissions aussi variées que le *Kiosque à musique, Thé tango, Le Petit Rapporteur, Incroyable mais vrai.*

Les auditeurs des *Grosses Têtes* ne sont pas les spectateurs de *Dimanche Martin.* Ah, que ne vous libérez-vous ainsi à votre messe dominicale, soupirent des « branchés » qui aiment bien ce Jacques-là, mais ne supportent pas l'autre. Ils ne comprennent pas que je m'adapte. Quand l'on m'a confié le dimanche après-midi, je me suis senti redevable envers un public qui n'est pas celui de vingt heures ou de vingt-deux heures. Si un jour j'accède aux tranches de vingt-deux heures, je présenterai pour qui j'éprouve une secrète tendresse tout autre chose. L'homme de télévision responsable doit savoir qui regarde et à qui il s'adresse. Le dimanche, son devoir est de proposer un spectacle qui plaise au plus grand nombre. Je n'ai pas à avouer en aparté que je n'aime pas

Dimanche Martin, parce que ce n'est pas exact. On ne peut pas animer aussi longtemps, aussi assidûment une fête qui ne vous plaît pas. J'aime être sur une scène et le théâtre de l'Empire, ce n'est pas un studio de télévision, c'est une vraie scène. Je ne répugne pas à être bateleur. Je n'ai pas le plaisir égoïste quand je suis récompensé par le plaisir des autres. Aurais-je préféré faire une carrière de comédien ? Je n'en suis pas si sûr. Je crois que finalement je m'y serais ennuyé. Et puis c'est très dangereux car on se regarde faire et si l'on joue Dieu, on risque de se prendre pour tel. Je préfère faire une interview d'enfant à *L'École des fans* plutôt qu'une interview d'acteur qui se prend très au sérieux. Il ne faut pas se prendre au sérieux.

Mon passé de comédien m'aide cependant à être un bon amphitryon, même si les vedettes que je reçois ne sont pas mes préférées. Il m'arrive d'être en profond désaccord avec la musique que j'entends. Mais comme le public l'apprécie, et que les artistes qui passent le dimanche sont en général au sommet du hit-parade, je les accueille avec une conviction sans faille. C'est un jeu. Mais quel mal à cela ?

Quand on joue Roméo, on ne meurt pas pour de vrai. Je joue parfois le rôle de mon public qui applaudit à telle vedette du moment. Mais il est des succès que j'approuve, et pour nombre de mes invités, j'éprouve une profonde admiration.

*

* *

Je n'aime pas les petits marquis, ni de gauche, ni de droite. Ce que je reproche le plus aux intellectuels, c'est leur terrorisme culturel. Je pense que l'élégance, en tout cas morale, consiste à ne jamais se servir de ce que l'on sait aux dépens de gens qui eux, savent moins. Et je suis choqué par ceux qui se servent de la télévision. Je n'ai jamais cherché à étaler mes connaissances. D'ailleurs, la culture, c'est quelque chose de complètement personnel qui appartient à la plus stricte intimité.

*

* *

– La Sept devrait-elle être confiée à Jacques Martin ? m'a demandé l'excellent confrère de Canal Plus qui anime *Mon Zénith à moi.*

– Pourquoi pas ? ai-je répondu. Est-ce que vous pensez que les gens de télévision ont assez d'imagination pour s'être posé la question : et si on lui proposait ? Ça ne viendrait pas à l'esprit des décideurs.

– Tout le monde ne vous connaît pas tel que vous êtes, tout le monde vous connaît tel que vous vous montrez le dimanche.

– Oui, mais je ne sais pas en quoi je diffère.

– Si, il y a quand même une petite différence.

– Si vous le pensez, c'est que j'ai réussi mon personnage et c'est très important.

12

De temps en temps, vous vous éclipsez, vous tirez votre révérence, vous vous accordez des fugues..

Voleur de temps ! C'est merveilleux ! On est presque joyeux si on est complice. J'ai un ou deux copains qui partagent mon secret. On vole du temps, et on profite de ce temps pour faire des trucs de gosses. Nous savons truquer un emploi du temps. Et on se sauve. On éclate de rire dans le taxi qui nous emmène. On retrouve le parfum singulier de l'école buissonnière. Et on apprend bien plus ! C'est mardi : tout le monde devrait travailler. On a dérobé quelque chose au grand rouage. Malgré les organigrammes… Notre feu follet échappera toujours au grand géomètre.

Je suis très content quand je me fauche de la liberté. Du temps à rien faire, pris sur du temps de travail payé très cher ! Parce que je travaille vite, un peu comme tous les paresseux. J'ai tout en tête.

Je pourrais jouer au PDG : costume trois-pièces, machin, bureau, salle d'attente. Et puis faire de la présence. Je n'y viens que si c'est nécessaire. Mais je suis toujours en conférence, en rendez-vous. Je suis chez moi ou ailleurs, à me balader.

Je n'ai jamais aimé rendre des devoirs ! Et les meilleurs textes que j'ai écrits sont ceux que j'ai faits pour mon plaisir.

J'ai volé avec un copain le temps de ce livre. Comme le fruit défendu. Que c'est bon !

Le jour où l'on pourra embarquer des passagers pour l'espace, je serai l'un des premiers clients. Plutôt que de tourner autour de la Terre pour contempler notre petite planète, j'opterai pour la destination la plus lointaine, s'il existe des nefs habitées qui font les voyages des sondes actuelles. Cela ressemblerait au dernier voyage.

Voyager est mon vice. Ma façon de m'offrir du rêve. La moitié du voyage se passe dans le taxi qui va de chez moi à l'aéroport. Je ne suis pas encore blasé de la magie du départ. Mes enfants prennent l'avion, ça ne les épate pas. Moi, je suis né épaté ! Je le suis encore ! En plus, j'aurais tellement aimé être aux commandes de ces engins. J'aime passionnément l'aviation. La plus grande aventure des hommes a été, à mon sens, l'épopée de l'Aéropostale. Quand je suis privé de destination lointaine, avec un ami, je vais déjeuner à l'aéroport pour me donner l'impression que je vais décoller.

Quand je voyage, je ne suis guidé que par les héros du pays où je flâne. Ainsi à Londres, j'ai comme rendez-vous avec les écrivains humoristes, pour lesquels j'ai une immense tendresse ; ce sont les seuls qui ont prévu notre sort et qui parlent juste : l'histoire de la littérature le démontre. Et puis Londres ne change pas, alors que tous les autres pays européens se mettent à la norme « métropole interchangeable ». Londres reste Albion. New York, ce sont les grandes orgues de l'humanité qui jouent n'importe quoi, il faut bien le dire. Mais c'est une ville qu'on n'a jamais fini de visiter, et en plus, elle a un attrait, elle est dangereuse. De moins en moins stupéfiante, mais quand même encore mythique. Vienne, c'est la ville de tous les souvenirs, l'éternelle jeunesse de Schubert, Mozart, Beethoven, le bonheur d'avant Freud, c'est le testament de l'Europe des princes mécènes, c'est la ville des artistes.

Et puis j'aime Venise en hiver : il n'y a pas de touristes, il n'y a pas de Japonais, il n'y a pas de gens qui portent des radios sur l'épaule. C'est le silence, et si l'on écoute bien, on entend les morts qui passent sur les eaux.

13

Vous dénoncez la bêtise humaine mais au fond, elle vous comble et vous ravit, vous en faites votre miel. N'est-ce pas ?

Ouvrons notre livre de chevet, le livre des pièces à conviction : le *Dictionnaire de la bêtise*[13]. Les auteurs heureux ont relevé dans les imprimés des bibliothèques, à la Nationale, à la Mazarine, à Sainte-Geneviève, le jugement des gens ès qualités sur leurs contemporains qui étaient des créateurs. La simple lecture de ces citations prend, pour moi, valeur de bible.

---

13. Le *Dictionnaire de la bêtise et des erreurs de jugement* fut publié en 1965 par Guy Bechtel et Jean-Claude Carrière. Le but de l'ouvrage est de réhabiliter les bêtises proférées au cours de l'histoire car elles ont une place décisive dans la formation du savoir humain universel.

Et qu'y lit-on de la part de l'intelligentsia de l'époque ? Debussy n'est pas un musicien, Molière n'est pas un auteur, Courbet n'est pas un peintre, Balzac n'est pas un romancier, Stendhal est un nerveux… Lire, en 1933, sous la plume d'un professeur de la Sorbonne : « Einstein, ce n'est pas un mathématicien, mais c'est un métèque », est un plaisir surréaliste. Les jugements portés sur le monde scientifique sont encore plus inénarrables. Quand Raspail dit que « Pour éviter que les enfants se masturbent, il faut coudre dans leur caleçon des petits coussinets de camphre », on s'étonne que les lecteurs du *Figaro* ne soient pas morts de rire. Ce pauvre Raspail a été jusqu'à dire : « J'affirme que toute personne qui pénétrera dans un tunnel à plus de trente kilomètres à l'heure verra immanquablement ses poumons exploser. »

La critique peut à la fois se tromper radicalement sur un auteur d'avant-garde, mais aussi – le comble – sur un chef-d'œuvre populaire, comme *Carmen*.

*

* *

Les grands hommes de la religion ont à propos de la femme, que Bossuet traite de « surnuméraire », la méchanceté qui dépasse l'entendement humain. Saint Augustin était un Groucho Marx à cet égard : aucun humoriste ne peut écrire un tel pamphlet sur la femme. Je voudrais faire un sketch contre les femmes, je ne pourrais pas pousser plus loin. J'avais bien plaisanté sur les écoles qui ont le culte de vivre à la campagne en imaginant une femme qui taillerait elle-même ses slips et qui ferait elle-même ses pilules à la main avec un appareil commandé à la Manufacture française ! Mais je vais moins loin que saint Augustin. Dans la parodie du journalisme, on n'a pas dépassé l'édito de Henri Desgranges dans *L'Auto*, le jour de la déclaration de la guerre de 14. L'auteur n'était pas n'importe qui, il y a un stade qui porte son nom. Imaginons-le dans son bureau, rassemblant ses journalistes et leur lisant son papelard, comme le fait le rédacteur en chef. Voilà l'article : Henri Desgranges, *L'Auto*, 3 août 1914. « Mes p'tits gars, mes p'tits gars chéris, mes p'tits gars français. Écoutez-moi : depuis quatorze ans que *L'Auto* paraît tous les jours, il ne vous a jamais donné de mauvais conseils. Alors, écoutez-moi. Les Prussiens sont des salauds. J'emploie ce mot, non pour parler poissard, mais parce qu'il dit exactement ce que je veux dire. Et si je parle des Prussiens – sans confondre avec les Allemands – c'est parce que je crois que tous les cerveaux allemands ne sont pas encore fondus au creuset prussien... Mes p'tits gars, mes p'tits gars chéris, mes p'tits gars français, écoutez-moi, écoutez-moi bien. Il faut que vous les ayez, ces salauds-là. Croyez-le, il n'est pas possible que ce qu'est un Français succombe devant ce qu'est un Allemand. C'est un gros match que vous avez à disputer. Faites usage de tout votre répertoire français. La tactique, n'est-ce pas, ce n'est pas pour vous effrayer, une feinte et l'on rentre. Un démarrage, et l'on part. Vous savez cela mes p'tits gars, mieux que moi qui vous l'enseigne depuis bientôt trois lustres. Mais méfiez-vous, quand votre crosse sera sur leur poitrine, ils vous demanderont pardon. Ne vous laissez pas faire. Enfoncez sans pitié. Il faut en finir avec ces imbéciles malfaisants qui, depuis quarante ans, nous empêchent de vivre, d'aimer, de respirer et d'être heureux. Ah, le grand soupir que va pousser l'humanité ! Mes p'tits gars, si vous êtes victorieux, comme on va respirer, comme on va trouver la vie belle et bonne... Et puis, plus de grotesque, plus de choucroute, plus de voleurs de pendules... Plus d'impôt de sang, plus de cauchemar, plus de salauds. Ça dépend de vous, mes p'tits gars, mes p'tits gars chéris, mes p'tits gars français. Nous avons eu la première manche à Iéna. Ils ont eu la seconde à Sedan. À nous la belle, si vous le voulez ! »

J'aurais payé une brique pour écrire ça ! Tel Alphonse Allais. Qui aurait écrit un texte plus drôle ? C'est de l'hyper-Déroulède. Écrit à la veille de la boucherie de 14.

Un bon docteur, qui était normal jusqu'à la guerre de 1914-1918 et qui est devenu fou, a écrit un livre qui s'appelle *La Défécation chez les Prussiens*, où il démontre en quatre cents pages que les Allemands font des cacas plus gros, plus nauséeux, que leur urine sent mauvais, est plus empoisonnée, puisque avec un centimètre cube de leur urine, on peut tuer quatre souris, tandis qu'avec un centimètre cube d'urine française, on n'en tue qu'une. Poussant le bouchon plus loin, il dit que nos aviateurs, de nuit, repèrent les villes allemandes à l'odeur. Quatre cents pages sur la merde !

*

* *

Cette société qui juge et décrète aujourd'hui est fille de cette société qui a dit des impressionnistes : « Ce sont des macaques », et d'Einstein : « C'est un métèque ». Cette même société qui va condamner Debussy en disant que ce n'est pas de la musique, que ça fait un bruit aigre, est au pouvoir, c'est elle qui décide de faire le malheur des gens de talent.

Et qui a sifflé Stravinski ? Qui a fait mourir de chagrin Bizet ? *Carmen* a été assassinée deux fois, au nom de la morale, parce qu'on mettait en vedette un déserteur et une asociale, une gitane ! Les bourgeois de l'époque, c'est aujourd'hui la gauche chic.

Tous les jours, je vois des équivalences. Nous avons des Trissotin, des philosophes en blue-jeans, des maîtres à penser, des oracles… Jean Daniel fait des billes comme le crapaud d'*Alice au pays des merveilles* et les regarde monter à la surface. Et il est bien placé, il joue dans le sinistre… J'ai voulu connaître les gens de l'intelligentsia. Quand j'ai peur de quelque chose, je me pousse au cul pour aller à sa rencontre. J'avais peur, quand j'étais petit, de traverser un cimetière. Je me suis contraint de traverser un cimetière une fois, deux fois, la troisième fois, je l'ai fait en riant. *Idem* pour l'intelligentsia.

La société bourgeoise, l'establishment en France, a comme rempart sa culture, et pour veiller autour ses mandarins ; par exemple, France-Musique, France-Culture : une personne cherchant à en savoir davantage sur ceci ou cela, ouvrant son poste, ne peut rien y comprendre car la sémantique, le code qui y est pratiqué, rend toutes les communications impossibles.

Maintenant, les gens, par peur de perdre pied, d'être jugés aussi bêtes que les bourgeois du XIXe siècle, se précipitent à un concert où quelqu'un scotche entièrement le clavier d'un piano et tape dessus à coups de coude ; ils y courent et applaudissent de crainte de passer pour des béotiens. Seulement, aujourd'hui, ce n'est pas le génie nouveau qui est reconnu, c'est le ridicule qui est dépassé. Les artistes vengent les maudits des siècles obscurs et mystifient leur public. On lui vend n'importe quoi. La bourgeoisie s'est fait avoir une fois de plus. Avec le recul du temps, elle s'est fait posséder tout le temps. La famille Rimbaud a brûlé au moins cinq mille poèmes. Comme ils doivent le regretter, les descendants ! Dans la famille de Sade, on conserve encore honteusement des inédits du marquis. Moi, je voudrais bien les acheter. Dans le Sud-Ouest de la France, Picasso payait son repas avec une toile. Les amphitryons n'ont pas cru à la valeur de ses tableaux. Et ils m'ont confessé leur déconfiture. Pour ne pas perdre de l'argent, les « amateurs » de peinture achètent n'importe quoi. Ils ne veulent à aucun prix rater l'affaire du siècle.

Les vrais artistes sont toujours considérés d'une mauvaise manière. Il y a ceux qui se tiennent mal. Il y a ceux qui sont dans le ton. Les spéculateurs misent sur les deux tableaux. C'est comme tout un jour d'amertume. Qui a dit : « Le talent, c'est le succès des autres » ? En paraphrasant cela, on pourrait dire en français très simple, compte tenu de la mentalité de ce peuple : « On a ou du talent ou du succès, mais jamais les deux », et là, les gens hésitent à miser sur la cote à la hausse.

14

« Si Dieu n'existe pas, ma colère sera terrible ». Un mot de comédien ou un cri de fils abandonné ? Vous ne savez pas s'il existe mais vous ne cessez de l'interpeller.

Dieu, a-t-on dit, est la plus belle invention des hommes. Il n'y a pas un être plus cruel, plus injuste, plus méchant que ce personnage. Dans tout l'Ancien Testament, on ne compte que deux hommes qu'il respectera. Ceux qui auront le courage de le regarder au fond des yeux et de le provoquer. Le premier, c'est Jacob. Jacob, après avoir quitté sa famille dans la vallée de Canaan, part ; il revient au bout de sept ans dans son pays et il s'endort au pied d'un arbre. Dans la nuit, il est réveillé par quelque chose de lumineux, c'est un archange armé d'une épée flamboyante et qui, manifestement, vient dans l'intention de le combattre. Jacob se mesurera toute la nuit avec l'ange – il n'a qu'un bâton – et au matin, il le vaincra. L'ange se relève et lui dit : « Désormais, tu ne t'appelleras plus Jacob, tu t'appelleras Israël », ce qui veut dire en hébreu : « Celui qui a osé combattre Dieu ».

Et c'est vrai que si Dieu existe, il doit détester les enfants larvaires qui s'agenouillent, le supplient, le remercient. C'est un monstre, Dieu.

Le deuxième personnage qui va le provoquer, c'est David. Le roi David monte au saint des saints et il dit à Dieu : « Voilà, j'ai fait ça par amour. Maintenant, si tu penses que l'amour est quelque chose de coupable, eh bien, tue-moi ! » Il touche le tabernacle, il ne meurt pas, la pluie tombe, les sauterelles s'arrêtent.

J'ai une admiration sans borne pour le roi David. Mon fils aîné s'appelle David, pour cette raison. C'est un personnage qui me ravit parce qu'il interpelle Dieu. Et je crois que, de mes enfants, celui que je préférerais serait celui qui me monterait au nez et me dirait : « Je vais faire ma route ! » Si véritablement nous sommes tous ses enfants, ça doit être humiliant pour Dieu de voir ces milliards d'hommes à genoux, pliés en deux, chiant dans leur froc, prêts à tout pour obtenir un fauteuil d'orchestre dans un Au-delà hypothétique, versant des larmes, récitant des miserere, des ex-voto... À sa place, je serais fier de ceux qui me tiennent tête. Mais je ne suis qu'un homme, je ne suis pas Dieu.

*

*   *

Toute Église qui rassemble son peuple autour de la peur de la mort, de l'Au-delà, commet, à mon sens, le plus grand acte de mépris envers l'être humain. Comment peut-on à ce point mépriser les hommes, jusqu'à vouloir habiller leur âme en confection ? Si chacun d'entre eux était habillé sur mesure, le monde serait changé. L'homme doutant de ses œuvres, le bon pasteur joue son impresario auprès de Dieu. Les religions occupent ce créneau. Il y a toujours un créneau à prendre. Je pourrais, en Amérique, profitant de mon charisme, fonder une nouvelle religion à coups de paraboles. Pour qu'elle prenne, il faut trouver de gros arguments, comme la publicité en trouve. Mais ça se situe au niveau de la terreur, de la pénitence, de l'interdit. Il faut être très malade pour se croire investi par Dieu. Les gens qui commencent à parler au nom de Dieu (au nom de l'homme aussi), il faut s'en méfier, leur maladie mentale est grave.

La meilleure chose que l'on pourrait faire pour l'homme, ce serait peut-être de travailler autant qu'il faut – dès l'enfance – à lui donner confiance en lui, pour qu'il n'ait pas besoin d'un « papa » ou d'un « patron », d'un « chef », d'un « capitaine ». Lui dire : « Marche tout seul ! »

L'humanité est pyramidale. Elle va de dominants en dominés. C'est un rapport de forces et, manifestement, les gens ont besoin d'un dieu, d'un chef, d'un patron, parce qu'on a installé en eux, sciemment, le doute d'eux-mêmes. Le meilleur travail serait peut-être de consacrer le temps qu'il faut pour que les sciences qui existent aujourd'hui permettent à un homme de se passer de son « papa », que chaque être humain soit une galaxie indépendante, que personne n'ait peur des chefs. Les Américains, plus intelligents, ont inventé la notion de patron, élu par ses collaborateurs comme le plus capable. Mais une fois à la tête de l'entreprise, le plus qualifié attrape la maladie de se prendre pour un chef.

Un chef idéal, dans une société, c'est la copie de Dieu qui, comme lui, a le pouvoir de commettre de temps en temps, gratuitement, une injustice. À ce prix-là, il est craint et redouté. C'est pour ça que je ne suis pas très attiré par le métier de chef. Mais un grand chef est comme Jupiter. De temps en temps, il faut qu'il commette un orage, un tremblement de terre. L'État le fait. De Gaulle l'a fait : fusiller Jean Bastien-Thiry, c'était complètement gratuit. Et Créon dit : « Pour que Thèbes se tienne, il faut que ça pue le cadavre quand le jour se lève. »

Aujourd'hui, le pouvoir a complètement les moyens de vous mettre en prison dans les dix minutes qui suivent. J'y pense tout le temps. Il suffit qu'il dépose dans votre voiture, sous un coussin, un kilo de drogue… Une fouille, vous êtes arrêté, emprisonné en fait parce que vous avez écrit un bouquin qui gêne. Ça s'est fait. Il faut se méfier du pouvoir. Il est possible de se passer de chefs pour des petites unités. Pourquoi pas dans des grandes ? Ça exigerait, évidemment, que l'on éduque la totalité des gens qui, eux, obéissent.

Dieu est l'exemple parfait du patron de droite. Le patron de gauche, c'est encore de l'utopie.

Mais Dieu existe-t-il ?

*

*   *

D'après les savants, la première apparition de l'homme se situe à la fin du tertiaire, début du quaternaire. Le premier humanoïde qu'on connaisse, c'est l'oréopithèque de Java. Au commencement de ma petite enquête sur la genèse, je me suis penché sur le verset 26 de la Bible : « Dieu créa l'homme à son image. » À force de me le répéter, l'évidence s'est imposée : si Dieu créa l'homme à son image, Dieu est un singe. Je suis parti de ce raisonnement-là. C'est un orang-outang. Cet état expliquerait le sort de l'humanité. Dieu, vivant hors du temps, échappe à la loi de l'évolution de l'espèce.

J'ai écrit mes psaumes en retournant à Java, île dans laquelle l'humanité a commencé selon des savants américains. Grâce à un jésuite qui a beaucoup étudié le langage des singes, j'apprends à converser avec les simiesques. Je vais camper dans une vallée où les hommes ne s'aventurent jamais. J'attends des nuits entières. Mais j'ai bon espoir de voir Dieu, car je pense que l'on revient toujours sur le lieu de son crime. Et un soir, Dieu arrive. Je vois apparaître un grand singe. Et le dialogue s'engage.

Il me raconte comment c'est arrivé. Au départ, il était quelque part dans le néant, avec un gros ballon. C'était la matière. Et, comme tous les gosses, en jouant avec son ballon, il a donné un formidable coup de pied. Paf ! Ça a explosé et c'est devenu ces milliards d'étoiles. Alors, il a trouvé que ça n'était pas très bien rangé et il s'est mis à faire comme Calder, à créer des mobiles ! Il était content. C'était joli, c'était beau, ça tournait. Il était ravi. Il se lava les mains, et qu'est-ce qu'il vit ? Merde ! Il restait encore de la matière. C'est avec ça qu'il a fait la Terre. Ça ne lui plaisait pas. Il ne savait pas où la mettre. Elle était de trop partout. Alors il a essayé de l'enjoliver. Il a mis de l'air, des arbres… et puis des hommes. Dieu me le dit : « C'est un truc qui a gâché ma création, la Terre. J'y ai mis des hommes, ça ne me plaisait pas. J'ai surchargé… La Terre est de trop, alors, de temps en temps, je l'emmerde. Je suis fou de rage. Dans l'ensemble, je trouve la galaxie parfaite, mais quand je regarde le système solaire et que je vois ce machin, je le déteste. C'est pour ça que je fais des tremblements de terre de temps à autre. Elle m'énerve. »

Voilà la première conversation que j'ai eue avec Dieu.

La Terre, c'est le truc qui lui a gâché ce merveilleux système qu'il avait bâti et qu'il trouvait tout beau, sauf ce machin qu'il ne savait pas où placer. Comme il se méfiait, avec un instinct de maître, il avait placé un arbre qui s'appelle curieusement l'arbre de la science. Il sentait que si ses créatures se mettaient à raisonner, elles allaient devenir des créateurs – des gens qui inventent et qui créent. Il a dit : « Touchez pas ! » Ils touchent. Il dit : « Bon ! Maintenant, ça va marcher comme au régiment. Je vous avais laissé la libre discipline. Maintenant, c'est fini ! Je vais vous en faire baver ! » C'est une colonie pénitentiaire, la Terre. Elle est l'erreur de Dieu.

De temps à autre, je reprends ma conversation avec Dieu. Ne disposant que de quatre-vingt-dix signes, c'est très dur de parler orang-outang ! Mais enfin, l'animal est doué – il faut le reconnaître ! Et il apprend très vite le français. Très, très vite. Au départ, il est content et il me dit : « J'aime ceux qui m'ont provoqué. Je ne peux pas supporter la lâcheté. Je savais qu'un jour, un mec remonterait la filière et viendrait là. J'attendais un homme ! Un mec qui vienne m'adresser des reproches… » Dès qu'il arrive à me comprendre, je lui dis : « C'est dégueulasse ! C'est monstrueux tout ça ! » Et il me dit : « Mais moi, je suis méchant ! Je suis méchant avec la Terre parce qu'ailleurs, ils sont très gentils avec moi. Mais, sur la Terre, ils me font des saloperies… » Je lui demande : « Mais on vient d'où ? » Et il me répond : « La Terre, c'est le ramassis de tous les salauds des autres mondes. C'est la punition. »

Il est ravi quand il voit un salaud.

*

* *

Mes préoccupations sont toujours d'ordre divin. Dieu a fait la preuve de son inutilité. Changeons de régime. Place aux diables. Gilles de Rais fait un beau cadeau à Dieu, il lui offre des anges. Ce n'est pas avec des pierres qu'on construira Babel, mais avec des amoncellements de cadavres pour l'élever jusqu'au ciel.

15

Vous êtes un inconditionnel de l'Ancien Testament. Mais vous n'ouvrez guère les Évangiles. Vous parlez au Père mais jamais au Fils. Pourquoi ?

Sur ma table de nuit et non dans le tiroir comme dans les hôtels américains, une Bible est toujours à ma portée de main. Sur mon bureau, elle est ouverte sur un présentoir et je la feuillette à tout moment. Je puis en lire un verset au hasard, à n'importe quelle page. Et jamais je ne suis déçu. Elle me ramène à l'essentiel et si elle ne m'éclaire pas sur la conduite à tenir, elle me console des vices de l'époque.

Autant l'Ancien Testament m'a toujours fait – et me fait toujours – rêver, autant les Évangiles me tombent des mains. J'ai l'impression de lire du Guy des Cars, et je préfère les minutes du procès de Jeanne d'Arc. Je ne peux même pas jouir de l'émotion que suscite un document authentique puisque les récits des apôtres ont été rédigés quatre-vingt-dix ans après la mort du Christ. Chaque fois que je lis l'un des quatre Évangiles, je retrouve toujours la même impossibilité de croire en Jésus-Christ.

Recommençons encore le raisonnement avec la meilleure volonté du monde. Acceptons le postulat de départ : il est le fils de Dieu, comme il l'a dit lui-même. À un certain moment de sa Passion, il craque : « Écartez-moi ce calice... » Il a envie de dire à Dieu : « C'est vachement dur, papa ! » Il va quand même jusqu'au bout, il fait une première. Des alpinistes ont fait la première du mont Blanc. Lui, il a fait la première du Golgotha. C'est du reste la première course de cyclo-cross. Et il aurait pu être déclassé parce qu'il a fait trois chutes. Simon de Cyrène a même porté son cycle de compétition. Pour ma part, je trouve que le mauvais larron est le plus sympathique.

Les apôtres sont les instruments ou les artisans de la plus grande mystification de tous les temps. Les trois quarts de la douleur humaine, je dirais même plus, les quatre-vingt-dix-neuf pour cent de la souffrance de notre espèce viennent du fait que l'on sait que la vie conduit à la mort. À partir du moment où le fils de Dieu sait qu'il n'est pas mortel, qu'il va ressusciter, le chemin de croix, les clous dans les mains, les coups de fouet, c'est du spectacle. C'est une mise en scène si vous savez que vous ne risquez rien. Il n'y a jamais eu de martyre. Il n'arrête pas de le répéter : « En vérité, je vous le dis, je suis le fils de Dieu. » S'il était vraiment le fils de Dieu, la douleur est une anecdote. Moi, si je savais que je suis immortel, vous pourriez m'enfoncer tous les clous, je ferais : « hi hi hi hi... ».

« Pourquoi, mon père, m'as-tu abandonné ? »

Dans cette crucifixion, le rôle du père est très discutable. C'est un moloch. La première fois, quand il demande à Abraham : « Prends ton petit et mets-le sur un bûcher et égorge-le », il l'arrête à temps. C'est un maniaque. La deuxième fois, il envoie son fils. Et tout cela, sachant qu'il est Dieu. Ce sacrifice symbolique est cependant complètement inutile et Dieu ne peut l'ignorer. Ne me dites pas que la mort du Christ a sauvé l'humanité. De quoi ? Regardez où nous en sommes. Jamais dans l'histoire de l'humanité, une armée de croisés n'a créé de telles catastrophes, ne serait-ce que l'antisémitisme, le concile du Latran et ses conséquences.

Jamais on a tant exterminé, au seul nom d'un prophète, d'un messie. Le Christ sachant que la crucifixion n'est qu'un jeu, est pour moi un tricheur. C'était Che Guevara : « Puisque moi, enfant de la bourgeoisie, je "m'emmerde", je vais faire la révolution avec une barbe. »

Je connais les petits « Che » du dimanche depuis le pensionnat. Ils rendaient de bonnes copies, de bonnes versions latines. Ils avaient de bonnes familles qui venaient les chercher le samedi, en voiture. Je les vois encore. Ces jeunes gens savent qu'après quelques années de militantisme idéologique, ils feront comme papa. Si Molière vivait aujourd'hui, c'est à cette classe sociale qu'il s'en prendrait. J'ai peu de respect pour eux. Pardonnez à ma naïveté, elle a ses jouets froids.

Le Christ est l'anti-Che. Il est le gène de l'intellectuel de gauche. La gauche française n'existe pas plus que le Christ n'existe. Son mythe est né d'une mauvaise relecture des Évangiles faite avec les lorgnons de Karl Marx qui était lui-même un bourgeois. Petit fait vrai à ajouter à l'histoire de la gauche intellectuelle : j'étais un jour sur un yacht, d'une longueur supérieure à trente mètres. Il y avait là toute la jet-society, plus un journaliste que je ne citerai pas, par charité chrétienne, et qui dit : « Merde ! Il faut que je fasse mon article. » Il appelle le maître d'hôtel, demande une table, de l'encre, un bloc et un scotch. Et le mec commence à écrire un article sur le paupérisme en haute banlieue, au niveau des logements pour les Portugais, dans le genre : « Est-il supportable que des Portugais soient logés à plus de dix-huit – "Donnez-moi un cube de glace" – dans des établissements insalubres ? » À mon tour, dans une chronique, je pleure à sa place. J'ai honte pour lui, je dis le nom de ce petit Tartuffe. Cet homme ne m'a pas adressé la parole pendant quatre ans. Et un jour, dans un dîner offert par son patron, il a essayé de faire son numéro contre moi. La femme du directeur de ce journal l'a coupé court : « Il ne faut pas toucher à Jacques Martin, car je l'estime. » Et le lendemain, il me serrait la main.

*

*   *

Écoutons, mes frères, l'archevêque de Paris dans les sermons de la semaine pascale à Notre-Dame : « Non seulement Jésus est fils de Dieu, mais du côté de sa mère, il est d'une excellente famille. » Personne ne rit. Je donne le mot de la fin à Mgr Dupanloup – qui, lui, a existé. Dans une envolée à la Bossuet, il a ainsi secoué son auditoire de mécréants : « J'appelle mauvais chrétien tout catholique qui pense que le Christ est Jésus. » Lapsus freudien. Merci mon Dieu de m'avoir compris.

16

Croyez-vous sincèrement à la supériorité des femmes ?

Nous avons été élevés dans un mensonge capital : Ève née soi-disant de la côte d'Adam. Légende du premier homme célibataire à qui le *deus ex machina* aurait donné une compagne. Dans la vraie Bible – laissons la Vulgate – Dieu a créé l'homme et la femme en même temps. Ils sont complémentaires. La femme est la plus intelligente. C'est elle qui a pris la première initiative : aller bouffer la pomme de l'Arbre de la Connaissance. Il fallait du culot ! Adam, déballonné : « Touche pas ! Mords pas ! Il a défendu ! » Elle, elle y va. Je lui reconnais cet avantage des origines : c'est elle qui a ouvert la route à la connaissance. L'homme a tout de suite compris que la femme lui était de beaucoup supérieure et il a inventé une parade formidable : le macho et ses trucs, le voilage, l'excision, l'infibulation en Afrique, le corset en Europe, la ceinture de chasteté, l'interdiction d'être Beethoven, d'être Rodin, Balzac. L'homme a trouvé son salut en occultant sa compagne. Sans cette contre-offensive, la Terre aurait été peuplée d'Amazones.

Maintenant, le sort en est jeté ! C'est trop tard, le pli est pris. Il y a eu injustice au départ. Pour la baffe et le sprint, on est les plus forts, mais pour le reste, à kilométrage égal, madame est aussi bon pilote et timonier que monsieur.

S'appuyant sur le concept de sexe faible, la religion catholique, apostolique et romaine, est venue apporter le complément indispensable : la sacralisation de la femme mère. D'abord succube, putain, démon, objet de terreur et de répulsion (jusqu'à se demander si elles ont une âme), puis matrone sanctifiée. L'Église l'a canonisée sur l'archétype de la Vierge qui enfante par transparence.

À l'aube du deuxième millénaire, la femme jouit à peu près de sa liberté sexuelle, tant qu'elle est jeune fille. Vient le mariage. Et vient l'enfant. Ce jour-là, tout est réuni, comme dit Malraux, pour la sacralisation : les mystères, le sang. La femme n'est plus celle à qui vous avez fait la cour, elle devient le temple. La sexualité a été brisée par cette théorie à la con qui prêchait d'assister à l'accouchement. Et l'on a recours aux péripatéticiennes pour faire les sales choses… parce que sa compagne est devenue la maman, elle est une église, et on ne fait pas l'amour dans une église… Quand sa femme a eu un enfant, le mari ne la considère plus comme la fille à qui il a fait la cour, qu'il a vraiment désirée. C'est à ce point que le père finit par appeler sa femme « maman » sans s'en rendre compte. Et la maman, on ne la baise pas ! C'est une constante de la société. Avec l'épouse – le mot est merveilleux ! – s'accomplit désormais le devoir conjugal. On va demander aux putes qui sont de saintes créatures de satisfaire nos fantasmes, qui ne sont en aucun cas condamnables. On a le droit de rêver. On ne fait du mal à personne en forniquant.

Si un jour les femmes arrivent à se passer de nous, on finira comme le mâle de la mygale. On tire un coup, on meurt ! Il y a trop longtemps qu'elles nous en veulent et qu'elles ont des raisons violentes de nous en vouloir, pour ne pas nous frapper à mort. Mes contemporains ont plus que jamais la peur de leur mystère.

C'est tellement effrayant le sexe d'une femme que l'homme a toujours tenté de le décorer pour qu'il fasse moins peur : dentelles, frous-frous... C'est plus rassurant. Les hommes en ont une peur extraordinaire. Prenez dix mecs issus des professions libérales et demandez-leur de dessiner un sexe de femme en coupe. Ils ne savent pas vous dessiner un zizi de dame. Ils ne savent même pas comment c'est fait et ils ne veulent pas le savoir. C'est un triangle mystérieux et effrayant.

J'ai toujours à portée de main sur mon bureau la copie en miniature d'un sexe féminin de Dali. Si je le place près de certains de mes visiteurs un peu coincés, je les vois changer de place, s'éloigner de la bouche d'enfer.

Mais oui, on a peur des femmes, d'où notre violence, notre besoin de décharger notre trouille sur autre chose. On devient militaire, on fait du close-combat, des arts martiaux. On devient chef. On se tue au travail. C'est cette peur panique qui explique que l'être humain investit 99,99 % de son intelligence, de sa créativité, de ses dons dans le travail qui n'est que moyen de vivre et ne consacre au but même de cette existence, qui est de vivre, que le reste : néant. Et pourtant, si on voulait réussir sa vie, il faudrait au moins y consacrer la moitié de soi et de ses dons.

Don Juan a peur. Combien d'hommes ont-ils le courage d'avouer qu'il y a du féminin en eux ? Fort peu. Il sera passé dans notre siècle deux faits troublants : d'abord, la mode unisexe. C'est la première fois dans l'histoire de l'humanité que l'homme et la femme sont vêtus semblablement. Ensuite, l'importance du poil. Mes contemporains se divisent en deux classes : l'individu à moustaches ou à barbe et l'individu imberbe. Quelle est la preuve la plus évidente et la plus visible que l'on est un homme et qu'une femme ne peut pas avoir du duvet ici ou là ? Tous les hommes à moustache ou à barbe me sont suspects. Tout barbu est quelqu'un qui cherche de façon patente à bien indiquer qu'il est un homme. Pourquoi ? Si vous êtes imberbe, c'est qu'il y a une raison. Moi, je suis imberbe… Vous avez certainement eu dans votre vie une période où vous avez douté de vous… On s'est tous, une fois dans sa vie, laissé pousser la barbe ou la moustache. Et si l'on veut bien réfléchir, c'est à un moment où on était mal dans sa peau.

Dès qu'il y a un intellectuel, il est barbu. C'est un signe, un uniforme. L'intellectuel doit être sale, pas rasé. Si on se colle une perruque, si on enfile un blue-jean délavé et déchiré, si on se met en dégueu, on est le penseur de Rodin. J'ai entendu une femme dire – et qui n'était pas inintelligente : « Je ne pensais pas que les hommes qui portaient des vestes et des cravates étaient intelligents. On m'avait dit qu'ils étaient tous bêtes ! » C'était la rédactrice en chef d'un journal à qui j'avais présenté des copains qui avaient des vestes, qui se lavaient, qui avaient une cravate. Le moyen de passer le plus inaperçu consiste à ne pas avoir de barbe, de moustache, à être coiffé, et à avoir un costume. Le reste, c'est un déguisement. Symptôme de notre époque, les gens se déguisent dans la rue.

17

Vous haïssez la publicité qui pourtant fait vivre la télévision et… vos émissions. Les deux Jacques sont en contradiction.

Je suis étonné que les princes qui nous gouvernent n'aient pas établi une déontologie de la publicité. Cette envahisseuse atteint chez l'être humain ce qu'il y a de plus profond, de plus pur, de plus sensible, pour jouer à la carte forcée. C'est la pratique la plus immorale qui sévit actuellement.

Les jeunes qui sont cent fois plus disponibles que nous ne l'étions à leur âge, sont cent fois plus fragiles face au dentifrice qui contient des rayures rouges ; face au héros imaginaire qui va chercher du café ; devant le blue-jean « Machin ». Je mesure l'influence de la publicité sur les enfants. C'est calculé pour. Il s'agit d'une narration de trente secondes, étudiée pour être accessible aux plus faibles d'entre nous. Les enfants saisissent d'un coup l'argument publicitaire. Si je me raconte la vie de l'apôtre du café, j'éclate de rire, mais il y a des millions de gens qui tiennent cet homme pour un modèle du genre. Trois fois par semaine, il franchit l'océan Atlantique, monte dans la cordillère des Andes en costume trois-pièces et aboutit sur un marché pour dire à un paysan andin : « Non, Pedro, pas celui-là pour nous (laissant sous-entendre que ce lot de café, c'est pour le concurent qui l'achètera). Et Pedro de répondre : "Ma Señor", ce qui laisse supposer qu'il y a eu naissance du syndicalisme chez le paysan argentin. Voilà un homme qui sacrifie tout au service de la famille. Quel bonheur il apporte au foyer ! À l'arrivée du conscrit pour sa première permission, on sert le café de la tendresse ! Tout le monde chiale dans sa tasse… On veut que les enfants croient qu'il n'y a pas un meilleur citoyen en France que « l'homme qui vous donne le café quotidien ». Or, il n'existe pas. Il est né du cerveau d'un publicitaire. Comme ce rouquin au nom irlandais. La bière qu'il représente sort d'une brasserie industrielle. Mais les gens croient qu'il fabrique sa boisson artisanale depuis quatre siècles.

Quand je pense que nous avons été ce pays qui, à un moment donné de son histoire, a créé les encyclopédistes qui ont voulu éclairer le peuple et qui ont amené la Révolution ! Ce mouvement des Lumières n'a servi à rien. Avec d'autres armes, on poursuit l'asservissement des jeunes cervelles. On les a eues avec l'hamburger, avec le soda et à la mode unisexe. Les directeurs de radio sont des gens de mon âge qui se disent : « On peut se farcir les adolescents, ils sortent de l'école à cinq heures, donc on démarre "Yop-Yop-Rock" à cinq heures. »

*

* *

On avait dit à l'usage de la jeune génération : Gutenberg n'est plus dans l'orbite. Adieu l'univers de l'imprimé. Place à une autre galaxie : celle de l'image, de l'audiovisuel. Maintenant, on veut mettre fin à la guerre des étoiles culturelles. Le confort intellectuel consiste à dire pour se rassurer : « La télévision peut renvoyer l'ascenseur, il peut y avoir une alliance entre la planète de Gutenberg et la planète MacLuhan[14]. Nos descendants liront les nouvelles du journal électronique et découvriront la littérature classique en vidéodisque. » Moi, je dis que la guerre est perdue. L'enseignement de notre époque, qui a coupé les gens des intelligences qui se sont succédé et qui ont fait notre civilisation, est un meurtre collectif.

Comment peut-on vivre dans l'ignorance du *Grand Meaulnes*[15] ? Comment peut-on vivre sans avoir rencontré dans *Le Rouge et le Noir*, Madame de Rénal et Mathilde de la Mole ? Combien de fois dans ma vie ai-je eu besoin de Julien Sorel les soirs de mauvais sort ? Combien de fois dans ma vie, Chamfort m'a-t-il rendu de services ? Et La Rochefoucauld ? Combien de fois ses compagnons sont-ils venus m'apporter une consolation ? Leur lecture nourrit nos

---

14. Herbert Marshall MacLuhan (1911-1980) fut un éducateur, un philosophe et un sociologue canadien. Théoricien de la communication, il annonça dans son ouvrage *La Galaxie de Gutenberg* (*The Gutemberg Galaxy*, 1962), que nous quittions cette galaxie de l'imprimerie pour entrer dans la « Galaxie de Marconi ».

15. D'abord publié dans la « Nouvelle Revue Française » en 1913, *Le Grand Meaulnes* est un roman d'Alain-Fournier (1886-1914). Le narrateur, François, raconte l'arrivée dans sa famille d'un mystérieux adolescent : Augustin Meaulnes.

racines. Ils nous offrent la seule chance qu'on ait encore d'être un arbre libre.

Geneviève, l'héroïne d'Alain Fournier a, pour moi, un visage. On a chacun son Grand Meaulnes, on a chacun son Julien Sorel. Si nos enfants ne les imaginent plus, mais se voient imposer des interprètes, ils seront empêchés de devenir leurs intimes, ils n'entreront pas dans leurs personnages, ne suivant que les événements. Réduire une œuvre de grand écrivain à un scénario, c'est priver un jeune esprit de l'essentiel.

*

* *

La peur des jeunes devant l'avenir n'est pas celle que l'on croit.

Notre société est en train d'effacer la frontière de l'anormal et du normal et d'abattre le mur de la honte entre le bien et le mal. C'est de cela que les gens ont peur. Beaucoup plus que de la fission nucléaire. L'invention de l'arme nucléaire est peut-être le geste le plus conservateur qui soit. Si la bombe explose, on va régresser au point zéro, recommencer le cycle en partant de la société des insectes, puis de la société animiste. Ainsi, on retrouvera des valeurs perdues.

Mais on ne vainc pas la peur par la paresse. Le pouvoir le sait bien, qui entretient l'une et encourage l'autre.

18

La mort ne vous fait pas peur à condition de mourir de plaisir.

Pour et par la bonne bouche. Comme La Fontaine, j'aimerais sortir de la vie ainsi que d'un banquet.

Parlons de vos cuisines.

Je les dois à ma mère. À moins que je ne sois de nulle part, je suis gone de Lyon. Par mon père, j'appartiens à une très vieille famille de soyeux. Et, du côté maternel, je suis de la bonne bouche. Mon grand-père a été le premier chef de cuisine du tsar Nicolas II de Russie. C'était en 1916. Ma grand-mère l'a averti : « Si tu repars en Russie, je divorce. » Alors mon grand-père n'a pas discuté, il est rentré au bercail et a ouvert à

Lyon un restaurant avec de petits salons, comme celui de Lucas Carton à Paris. De jeunes avocats s'y sont distingués par quelques frasques. Je garde toujours les notes impayées… de maître Herriot et de maître Gerlier, l'un est devenu président du Conseil et l'autre cardinal. Mon grand-père a formé le père de Bocuse. J'ai encore le certificat de travail qu'il a signé : « Je certifie que Monsieur Bocuse est un bon employé et qu'il m'a donné entière satisfaction. » Je viens donc d'une dynastie de cuisiniers. Ma mère était un cordon-bleu fantastique et mon fils est cuisinier, il vient de chez Troisgros et a été chef de partie à La Tour d'argent. Plus qu'une famille, c'est une loge !

On n'est pas lyonnais au hasard, c'est comme d'être anglais : c'est un état d'âme. Un ensemble de bonnes choses, bien dissimulées derrière de hauts murs surplombés de tessons de bouteilles. Voilà la définition de la ville. On parle souvent du centre comme d'une presqu'île ; je dis que c'est une île, on y promène un état d'âme insulaire. Ces gens qui mangent la serviette sur la tête, sont des grands bourgeois, initiés dès leur enfance aux pratiques lyonnaises.

La madeleine de mes jeunes années ? Un plat de gratin dauphinois. Et puis des odeurs de gaufres, de bugnes à la rose, de gratons, associées à celles du maquillage de théâtre, puisque ma mère faisait partie d'une troupe d'amateurs et qu'elle m'a donné le goût de mon métier. Un régal ! Cuisiner, c'est un vrai langage. Nous, Lyonnais, nous sommes le pays de la « ragougnasse », de la galimagrée pour reprendre un terme rabelaisien, la bouffe, la tripaille, la ripaille. « Mâchonville ». Qu'on le veuille ou non, je suis persuadé que Rabelais a imaginé ses personnages pendant son séjour à l'Hôtel-Dieu de Lyon. La France paiera un jour très cher le fait qu'on ne dîne plus en famille. À table au moins, on communique. Mon grand-père avait un fauteuil plus haut que les enfants et il faisait un signe de croix sur le pain avant de commencer le repas ! On fait toujours des « gueuletons » du diable à Lyon et on aime ça. Quand on est à table avec des Lyonnais, on a l'impression qu'ils disent à leurs enfants de se taire pour écouter les sauces… Mais oui, c'est vrai, les Lyonnais écoutent les sauces !

Dieu merci, Lyon a résisté à la nouvelle cuisine. J'ai reçu des lettres de Bocuse qui en témoignent… La cuisine, c'est fait pour nourrir, pas pour faire maigrir les mannequins. J'ai mon diplôme *honoris causa* de cuistot, et quand, aux fourneaux, je me fais plaisir, je ne fais pas de nouvelle cuisine. Avec mes amis, j'ai fait des dîners qui valaient des symphonies de Mozart. On a toujours aimé manger à Lyon, ce n'est pas nouveau, je conserve des menus qui datent du Moyen Âge. La cuisine lyonnaise est d'abord une cuisine charcutière et mon charcutier a ouvert en 1620 ! Le repas est à la fois un spectacle, un rendez-vous, une tradition. Premier acte important du repas : faire le marché. Je n'oserais jamais inviter quelqu'un si je n'ai pas tâté moi-même aux produits. Tous les cuistots lyonnais font ça. Demandez-leur : après le marché, ils se retrouvent dans un bistro intime et ils font le « mâchon ». Le mâchon, c'est le « casse-vin », on y va dès dix heures du matin, quand une petite faim vous vient. Les « bouchons » (les restaurants de la cuisine des pauvres où, à l'origine, on réutilisait les restes des festins des riches), sont des endroits qui abolissent la lutte des classes et où le facteur côtoie le chef d'entreprise. Ça ressemble singulièrement à un club anglais, à une rencontre entre hommes. Maintenant, les femmes y vont un peu. Le grand prêtre des bouchons, c'est la « mère », on y sert une cuisine de maman. Qu'est-ce qu'elle fait, la mère ? Des trucs à elle que les Parisiens ne mangent pas, des tripes, des paquets de couenne, du fromage fort avec du vieux fromage de chèvre râpé dans une réduction de poireaux, de la « cervelle de canut », fromage blanc battu à l'ail, avec des échalotes. À Lyon, chaque Lyonnais a un calepin, avec des adresses. Parce que le but de la promenade dominicale, c'est d'aller manger. Maître Ambre en sait un bout là-dessus. Les gueuletons de la mairie ne sont jamais tristes. Moi, je ne communique pas mes adresses aux Parisiens. Je vais dans les bouchons avec mes potes. Sinon, ça deviendrait un endroit « in ».

On sait vivre à Lyon, on ne « pinoche » pas sur les plats, on mange tout, aussi bien dans la cuisine des riches que dans celle des pauvres. Je ne crache pas sur la bourgeoisie à laquelle j'appartiens, même si elle est un peu faux-cul. Quand je dis faux-cul, c'est avec un amour infini. Et… faux-cul mais vraie bouche ! Mais faux-cul que j'aime. Le gone est comme un prélat qui, un vendredi, mangerait un poulet en disant : « Je te baptise carpe. »

Les Lyonnaises sont des femmes insoupçonnables. Il n'y a pas si longtemps, à la fin des repas, pour le coller sur le Livre d'or des restaurants, elles se coupaient un poil de la chatte ! Elles baisent bien, les Lyonnaises. Mais qui mange bien fait bien l'amour. Ce n'est pas pour autant qu'elles arrivent en retard à la messe le lendemain matin. Lyon est une ville où l'on s'éclate. C'est pour ça que ses habitants ont affectionné le port du gilet.

Les Lyonnais, à l'image de Rabelais, sont à la fois forts en médecine et imbattables en cuisine. Aux gastronomes, il sera beaucoup pardonné parce qu'ils sont médecins et aux médecins il sera beaucoup pardonné parce qu'ils sont gastronomes. À parler bouffe, je me suis donné faim. Et pourtant, je ne veux pas reprendre mes kilos. À Lyon, les bienheureux, ils ne connaissent pas les régimes !

La France gourmande s'est crétinisée avec la nouvelle cuisine pour les vieux, avec le fast-food pour les jeunes.

« Babar », Raymond Barre, est tellement lyonnais qu'on se demande pourquoi il a pu naître ailleurs. On a toujours l'impression qu'il lui reste un peu de gras de manger sur la bouche.

La plus belle prière que les gones font à Dieu, c'est de jouir des sens qu'il leur a donnés. Ça va de paire avec l'amour de la musique. Mon père a fait le coup de poing pour Debussy, à l'Opéra de Lyon. Il s'est battu avec ses camarades pour *Pelléas et Mélisande* ! Les Lyonnais sont exigeants en matière d'art lyrique. Il existe une association qui s'appelle Les Frères du quatrième, ce sont des Lyonnais qui se mettent au quatrième balcon, dos à la scène, avec la partition en main. Et si jamais le ténor se trompe, ils sifflent. Les Frères du quatrième jouissent d'un privilège pour l'opéra de Werther. Quand Werther rentre et dit : « Charlotte… », les Frères du quatrième ont le droit de crier : « Cocu ! ». Toulouse, c'est de la rigolade à côté ! Je suis allé chanter *La Belle Hélène* à Lyon. Quand les Frères du quatrième vous invitent, c'est aussi important que d'être élevé compagnon du Beaujolais.

19

Vous perdez des kilos pour mieux les reprendre.

Mon corps est à géométrie variable.

Acceptez-vous votre rondeur ?

Je gonfle et je dégonfle et ne me dégonfle pas. Au temps où j'avais minci, je croisais des gens obèses qui me disaient qu'ils me préféraient gros. Je les comprends : ils voyaient dans mon embonpoint se refléter leur image.

Dans les dîners en ville, des personnes qui s'étonnaient que la fille de Nathalie Sarraute goûtât la cuisine de Martin père et fils, assuraient que mon public préférait « Jacques Martin avant... » Avant qu'il ne perdît vingt kilos.

Ceux qui ne regardent pas la télévision et se font du grand public une conception mythique, croient volontiers que ma rondeur est sympathique. Et de se référer à la légende des débonnaires replets, des gras chanoines, des ogres gentils, des Raminagrobis. Le bon gros, je n'y crois pas du tout. S'il est gentil, c'est qu'il n'a pas les moyens d'être autre chose. C'est une bonté forcée.

Quand on est gros, on ne peut pas se déplacer, on est contraint à une espèce de gentillesse qui encombre, qui transpire toujours. Je n'ai jamais rencontré un bon gros. Henri VIII n'était pas un bon gros. On peut dire que l'embonpoint, c'est quelque chose d'anormal dans la vie d'un homme. On s'accorde pour dire que dans les cas d'anorexie ou d'obésité, il y a un déséquilibre, un déficit. Ou bien on mange pour compenser, ou bien on a un mauvais métabolisme. Les hommes sont peut-être plus méchants quand ils sont gros que les femmes. La rondeur, c'est la forme de la femme qui materne, pas de celle qu'on désire, celle qui a tendance à vous dominer. Encore que la Vénus callipyge n'ait pas été sculptée pour cela. Un gros est un monsieur dont les femmes n'ont pas à redouter la sexualité. Il est bien entendu que le gros n'a pas de sexualité. C'est un replet, il est sympa. Le proverbe dit : « Les bons coqs sont maigres. » Tout est rattaché à la non obésité. Si Jarry a fait dire à Mère Ubu qu'il aimait mieux être un bon et gros chat qu'un maigre et méchant rat, c'était par dérision.

Il y a un emploi de théâtre : les rondeurs. La rondeur, c'est en général le rôle du cocu, le monsieur qui entretient la femme mais qui ne la saute pas. La rondeur est incarnée, dans la dramaturgie, par quelqu'un d'asexué, qui est dans une position de repli vis-à-vis des femmes. « Ah ! si j'étais maigre, j'aurais pu lui dire que je l'aime. » Pour jouer un rôle de cocu, on n'engage pas un acteur mince. Au théâtre, la rondeur, c'est un monsieur qui est toujours ridicule vis-à-vis de la petite femme qu'il entretient. Dans l'esprit des femmes, il semblerait que le gros n'ait pas d'Éros.

On a salué comme une redécouverte de Tartuffe le fait d'en confier le rôle à des acteurs maigres : Jouvet, Vilar. C'est un non-sens. Il est décrit par Molière comme gros et gras. Nommément. Il a la bouche huileuse du bouffeur. Il est tellement concupiscent qu'il a peut-être plus d'appétit pour la fine chair que pour la chère. Mais il n'en est pas moins un « gueulard ». Jouisseur, mais surtout méchant homme. Les gros que j'ai connus étaient de faux gentils et se révélaient à l'usage des « peaux de vache ».

Un peu par revanche. À leur décharge, il faut dire que les gens agressent les gros : « Ah ! vous êtes en forme, vous bouffez bien. » Aujourd'hui, on ne peut plus me taper sur l'estomac en me disant : « Alors, mon gros ! »

Si les obèses qui culpabilisent sont mécontents chaque fois que je m'allège, au demeurant, j'ai encouragé les faux gros qui, comme moi, avaient des problèmes pondéraux, à se surveiller. À ceux qui m'ont demandé la recette miracle, j'ai répondu tout simplement : « Bien sûr, il y a un truc, mais qui n'est pas en vente dans le commerce ; il ne se présente pas sous forme d'un cachet, d'une panacée quelconque. Ce truc est caché en vous. C'est la résolution que l'on prend avant la décision que l'on adopte. »

Moi, j'ai toujours pensé qu'à l'intérieur de l'homme, il y avait une pharmacie, il y avait tout pour que ça fonctionne bien. Et maintenant, j'ai une horloge interne. Si je mange quelque chose, je marque un arrêt. Autrefois, je ne faisais pas attention aux quantités ; aujourd'hui, je mange à ma faim, mais ne sors pas de table repu et lourd. J'apprécie encore plus les fruits d'Allah.

20

« J'ai, dites-vous, passé des saisons en enfer. » Aujourd'hui, vous êtes revenu de ces voyages à risques. Comment en êtes-vous sorti ? Votre nouveau régime de vie n'est-il pas d'un mortel ennui ?

J'ai compris que la consommation de tabac, d'alcool, de drogues, comme la boulimie, était une conduite autodestructrice. Je parle en connaissance de cause car à cinquante-cinq ans, j'ai fait tous les voyages et j'en suis revenu. J'ai passé des saisons en enfer et je peux parler des illusions des paradis artificiels. Au fond, les gens veulent se punir comme si chacun avait son péché originel. Comme si les gens cherchaient à se punir de quelque chose. Se punir d'être né, se punir de l'enfance, se punir de la mère, se punir des ancêtres.

Nous sommes tous judéo-chrétiens et il est bien évident que l'évolution de la société a été telle que nous avons terriblement transgressé ce qui fut enseigné à nos parents, et peut-être les gens se sentent-ils quelque part coupables des libertés que nous donne le siècle vis-à-vis des tabous ancestraux, de la morale ancestrale, abandonnée aujourd'hui. Nos mentalités sont imprégnées de l'idée de transgression. Chaque progrès a été vécu comme le viol d'un interdit. Le feu de Prométhée, l'arbre de la Connaissance. Dans toutes les mythologies, de quelque côté que vous vous tourniez, il y a le tabou de l'inceste. L'adolescent qui commence à aimer d'une manière œdipienne la mère ou le père ou qui pratique l'onanisme transgresse. Et finalement, une sexualité libre et épanouie passe par une transgression. Pour se libérer du père et de la mère.

Autrefois, il y avait des gens qui punissaient et il y avait des morales. Maintenant, disons que les morales sont plus lâches, mais l'homme en est encore resté au fait qu'il faut punir le plaisir. C'est-à-dire qu'un instant de bonheur doit immanquablement être payé, parce que les gens s'imaginent que quelque part, on est coupable d'être heureux. Si je me sens bien dans ma peau et heureux d'être tous les jours, c'est que j'ai surmonté ce mal du siècle, l'autopunition. Finalement, le plus grand problème de chacun, aujourd'hui, c'est de cesser de s'autopunir. L'opération, une vraie révolution, est un acte intérieur. Je ne fais ici qu'un constat de voyageur et je serais un malhonnête homme si je disais qu'il existe quelque part un moyen magique pour cesser de s'autopunir. Il ne peut venir que de l'intérieur de vous et c'est de par vous seul que la guérison interviendra. Il n'y a pas de remèdes extérieurs.

Dans le martyre de l'obèse, il y a déjà de la flagellation et de la complaisance à souffrir. Celui qui a une conduite d'obésité fait ce qu'il faut pour que son état empire, s'aggrave constamment. Voilà encore un bel exemple sur le plan de la nourriture, du poids, de la forme, du corps, mais on le retrouve également chez le fumeur. Je connais des fumeurs superbement intelligents qui cultivent la plaie du fumeur un petit peu comme les mendiants de Jean Genet. Dès que la plaie se referme, ils la grattent, ils remettent des cochonneries dessus pour pouvoir attendrir le public.

Dans la mesure où la vie vous assène les coups, il ne sert à rien de prendre un palliatif qui sur le moment vous donne l'impression que vous supportez le choc, alors que vous êtes réellement meurtri et que les marques s'inscrivent beaucoup plus en profondeur. Il n'y a pas d'aide à vivre, autre que celle que l'on trouve à l'intérieur de soi. Il n'y a pas de miracle, il n'y a pas de panacée. Il est temps de se rendre compte que les antidépresseurs, les tranquillisants, amènent à une prise de poids, à une diminution à la longue de la normalité de la sexualité, un engourdissement.

*

* *

Après la mode de l'opium, nous est venue des États-Unis la neige, la cocaïne. Même si on cite parmi les usagers certains artistes, certains intellectuels qui ne s'en cachent pas, ce ne sont pas les seules catégories sociales qui en prennent. L'opium vous plonge dans une sorte de monde irréel où on vit en contemplatif. Aucun rapport avec la cocaïne que les Américains appellent un speed. Cette drogue vous donne l'impression que vous allez deux fois plus vite, que vous êtes deux fois plus efficient, quatre fois plus intelligent, que vous entendez cinq fois mieux. C'est un accélérateur qui va de pair avec le siècle de la vitesse et la compétition. Les speeds se prennent dans une certaine classe où les gens se veulent plus combatifs et à toutes les heures, alors qu'ils ont peur de la vie, et que pour eux la réalité de la vie est insoutenable. Ils mettent entre eux et la brutalité de l'existence, une drogue qui les rend très contemplatifs, très absents, dans un état un peu comparable à ce que les gens recherchaient dans l'opium, c'est l'héroïne. La cocaïne est tout à fait autre chose, c'est un accélérateur. Mais tout ça n'est qu'un lamentable leurre. On ne va pas plus vite, on n'est pas plus heureux. Oui, le temps de la prise, mais après ? Après, c'est bien simple, il n'y a qu'à regarder les prisons, les trois quarts des gens y sont pour avoir volé, mais ils ont volé pour se procurer de la drogue. Un véritable fléau.

Toute la population est concernée. Il ne faut pas croire qu'il n'y a que les artistes, que les chanteurs pour la renifle. On a toujours accusé le milieu artistique de se livrer à tout ce qui est interdit dans l'autre partie de la société. C'est totalement faux. Avant, on daubait sur les mœurs douteuses des gens du spectacle. Je ne vois pas la différence que l'on peut faire entre un ingénieur, un architecte et un comédien. Il n'y en a pas. En tout cas pour la drogue. Tout le monde en prend. C'est bien là le drame. Si c'était circonscrit à une mode et à un certain milieu, les gouvernements auraient la partie belle et le trafic cesserait du jour au lendemain. On peut cerner un milieu. Mais la drogue sévit dans tous les secteurs, en col blanc et en salopette.

*

*   *

Le comble : je me suis arrêté de fumer en maigrissant. Ne dit-on pas que les fumeurs qui se sèvrent de tabac grossissent ? Moi, j'ai fait d'une pierre deux coups. J'ai associé les deux régimes. L'idée m'en est venue d'un simple constat. Quand on vous fait une piqûre et que l'on a peur qu'elle fasse mal, pour détourner la douleur, on se pince soi-même une autre partie du corps. Beaucoup de gens font ça. C'est exactement le raisonnement que je me suis tenu : je vais arrêter de fumer, eh bien, je vais me faire mal ailleurs. Je vais m'occuper l'esprit ailleurs. En ayant à surveiller les deux abstinences en même temps, l'épreuve m'a semblé deux fois plus facile. Et j'ai réussi à tenir.

Auparavant, j'avais tout essayé pour cesser de fumer. L'acupuncture, l'anneau dans l'oreille, les cachets. Rien n'y faisait. Quand on arrête de fumer, il faut prendre massivement de la vitamine C sous n'importe quelle forme que ce soit : jus de fruits, légumes, etc., car sevré, on est en manque et les muscles se tendent comme les cordes d'un violon. On est courbatu, contracté. Il faut prendre le maximum de douches ou de bains chauds pour se détendre.

Je fumais depuis l'âge de quinze ans deux à trois paquets par jour. Plus j'avançais en âge, plus je constatais que la cigarette était un faux cache-misère. Quand la vie vous fout un coup de poing, la souffrance est pareille avec ou sans cigarette. Il ne faut pas non plus s'imaginer que parce que l'on arrête de fumer, on ne va plus en prendre plein la gueule. La vie vous en réserve tous les jours. Mais au moins, on cesse de se faire mal à soi-même. Il y a déjà les autres pour vous taper dessus, ce n'est pas la peine d'en rajouter. La cigarette, c'est autopunitif. On voit les dégâts qu'elle provoque. Non seulement on est agressé dans la vie, mais en plus, le tabac ne modifie absolument rien de son mal-être. C'est une drogue et l'on s'en rend compte quand on la quitte les trois premiers jours. On est en plein état de désintoxication comme avec des drogues lourdes. Les muscles tiraillent. Un régime alimentaire méditerranéen est alors indiqué : le piment vous redonne une impression de chaleur dans la poitrine.

J'affirme solennellement que j'ai arrêté de fumer et de grossir en même temps et sans souffrance. En général, les gens qui suivent un régime amaigrissant font grise mine. Quand j'ai retrouvé ma ligne, j'avais l'air d'être vraiment bien dans ma peau. Bien sûr, j'ai un truc bien moins rébarbatif que de ramener la diététique à la calculette et à la balance.

Mon truc, c'est que toute l'année, je reviens à une cuisine de vacances : tomates à la croque au sel, radis, cela à discrétion. En guise de viande, du poisson – et pas le plus cher – cuit à la vapeur. Comme matière grasse, j'adopte l'huile d'olive. En somme, la base de la cuisine méditerranéenne. On a l'impression d'avoir le ventre davantage rempli si les aliments sont très poivrés et assez pimentés. Je mange donc très relevé. Comme le veut la sagesse des peuples méditerranéens et africains.

Si les gens savaient que dès le cinquième jour où l'on s'est arrêté de fumer, toutes les choses que l'on goûte ont à nouveau un parfum ! S'ils savaient que d'un seul coup l'odorat vous revient, le goût vous revient, que la peau change, que les cheveux reprennent du ressort, que l'œil voit mieux. Si les gens voyaient quelle liberté on rend à son corps et à ses sens en arrêtant de fumer. Et moi, je l'ai tellement ressenti que j'ai eu au bout du deuxième mois, comme il est écrit dans les livres, une exultation, une joie intérieure que rien ne pouvait interrompre. Tout me revenait. C'est comme si, deux mois après que j'eus conjointement mené ce régime amaigrissant et cessé de fumer, j'avais été en apesanteur tant j'avais laissé de contraintes. Je retrouvais l'emploi de mes mouvements, je récupérais mon souffle, j'appréciais plus le goût des choses, je découvrais le monde avec une plus grande acuité visuelle, je redormais bien, je n'avais plus mal aux membres inférieurs. Vous savez que la moitié des habitants de la terre se plaint d'avoir perpétuellement mal aux jambes ! Mais si les gens savaient comme la suppression du tabac change la vie ! La circulation se fait mieux, le cerveau est mieux irrigué, on sent à nouveau au bout des doigts des pulsions. Et dans quel état de joie nage-t-on avec délices !

Chaque jour, on retrouve une liberté nouvelle, une possibilité nouvelle. On s'aperçoit qu'on a à nouveau des jambes, une poitrine, un sexe.

Pour revenir à la normale, il faut cinq ans. Eh bien, c'est cinq ans de bonheur car chaque jour vous apporte un plaisir nouveau, une joie retrouvée. On récupère tout ce qu'on a abandonné en fumant : la mémoire, l'allant, le nez…

En somme, moi, j'étais vraiment mal engagé : j'étais un obèse et je fumais. Depuis que j'ai arrêté, il y a eu huit jours difficiles, mais qu'est-ce que c'est qu'une semaine dans la vie d'un homme ?

J'ai petit à petit vu disparaître des maux chroniques, à la tête et aux jambes. Maintenant, je me déplace aisément, je ne prends plus l'ascenseur. Je marche, je refais des choses que je ne pouvais plus faire. Mon sommeil est plus réparateur. Ma sexualité plus gaie. Je suis content de ne plus être le monsieur à qui le pantalon ne va jamais. Enfin, je me regarde dans la glace sans honte. N'est-ce pas extraordinaire de gagner cinq ans de bonheur pour un petit effort de quelques jours ? Dès la deuxième nuit, on dort mieux, on ne ronfle plus si on ne fume pas, les cheveux, la peau changent, l'odeur qui émane de vous s'estompe car, quand on cesse de fumer, on se rend compte à quel point les gens qui fument ont une odeur. Si les tabagiques savaient quelle odeur ils dégagent et quelles conséquences cela peut avoir dans leurs relations ! Nous ne nous reniflons pas comme les chiens, mais nous nous sentons. Et la vieille expression populaire qui dit : « Je ne peux pas le sentir », n'est pas un vain mot. C'est vrai que les gens respirent. Nous appréhendons aussi les gens dans la société par le sens de l'odorat. Et c'est vrai que lorsqu'on arrête de fumer, les tabagiques sont des gens qui vous font reculer. J'ose avancer que le tabac vous prive du contact humain, vous coupe des autres.

Les prostituées fument avant et pendant l'acte. C'est peut-être pour ne pas différencier leurs clients et même les ressentir le moins possible. On peut dire qu'elles compensent. Mais une prostituée qui arrêterait de fumer n'en restera pas moins une prostituée. Son problème est ailleurs. Il est beaucoup plus grave, c'est un mépris de la personne humaine, donc c'est un mépris d'elle-même et, de ce fait, elle a un plus grand mépris pour les gens qui la méprisent, bien évidemment. Mais c'est d'abord un mépris de soi… C'est extrêmement douloureux. Je n'ai jamais connu des filles de joie. Je crois que c'est le plus mauvais mot de la langue française. Je n'ai jamais vu de la joie chez une femme qui se prostitue. Je considère que c'est un très grand malheur pour elle.

Il n'en est pas moins vrai que les plus grands fumeurs ont souvent des métiers durs. Durs physiquement ou psychiquement. Fumer, prendre de la drogue, ne changeront rien au nombre de coups que la vie vous prépare. Les gens s'imaginent à tort que les drogues, le tabac, le haschich, la cocaïne, peuvent diminuer l'impact du coup qu'on va recevoir – nous appelons cela stress, toute l'agression des autres et l'agression de la vie – et nous permettre de ne pas souffrir. C'est faux. La lame fait aussi mal et elle pénètre plus profondément. Au lieu d'encaisser le coup en étant parfaitement conscient de son origine, on le subit dans un état comateux. Quand on ignore la provenance d'un coup du sort, on est toujours inquiet. Ce que l'on ne sait pas tourmente davantage que ce que l'on sait. C'est une erreur humaine grave que de s'imaginer que l'effet de la drogue diminue les atteintes de la vie. Boire ne console pas, se droguer ne console pas et, de toute façon, l'agressivité continue. Ce n'est pas parce que l'on prend de la cocaïne qu'on n'est plus attaqué. On se l'imagine mais on est encore agressé. Le stress vous attaque deux fois plus, car vous présentez moins de défenses. Vous n'êtes pas bien dans votre peau, et donc vous êtes plus vulnérable.

Le tabac est une illusion, les drogues sont des illusions. Il n'y a pas de remède miracle contre le stress, les coups du sort. Et puis le stress, qu'est-ce que cela veut dire ? Encore faudrait-il le définir. Oui, la vie est agressive. C'est dans la nature. Les hommes et les femmes ont des rapports agressifs. C'est même ce qui vous permet de vivre. Le stress n'est pas une chose si effrayante que cela. C'est un des principes de la vie. Je dirais même que c'est vital. Il faut accepter la condition humaine sinon, il faut être une pierre.

De la même façon, l'hypertension est venue de l'*homo erectus* ; le fait de se relever a créé une pression artérielle différente. Les animaux n'ont pas d'hypertension. C'est la condition humaine. Pour les psys, l'agressivité est un mot neutre. Ce n'est pas moral, ni immoral. Comme la pluie tombe, le stress est là que nous portons en nous. C'est la dynamique des relations. On en reçoit pour en donner et le moment où on commence à devenir un pervers, c'est quand on retourne son agressivité contre soi. Ou, quand on s'imagine naïvement qu'il existe un parapluie contre les autres. Il n'en existe pas. C'est bien aux hommes de vouloir corriger l'injustice, mais il faut la considérer comme faisant partie de cet endroit dans lequel nous vivons. Autour de nous, l'injustice existe comme l'eau, les pierres, les rochers et l'agressivité, de même que l'angoisse est sécrétée naturellement. Et les prescripteurs qui disent : « Vous prendrez tel médicament, c'est un antistress » sont des menteurs. Le mal, comme son remède ,n'est qu'en nous.

*

*   *

Ma méthode n'exige pas une énergie psychique au-dessus du commun. La volonté héroïque, c'est de lutter contre un mal que l'on sait inexorable. Mais arrêter de fumer et manger moins, ce n'est quand même pas le bout du monde. Il faut un peu de détermination. La plupart des gens qui veulent maigrir doivent d'abord cesser de gémir sur leur sort. Sans attendre une pilule miracle, il faut être participant, partie prenante. Faites le premier pas et ça ira tout seul. Plus que de la volonté, il faut un peu d'imagination : se projeter dans l'individu que l'on veut devenir, s'identifier à des activités que l'on pourra reprendre si on perd vingt kilos, si l'on arrête de fumer. « Regarde ce que je pourrais faire. Je rajeunirais, je retrouverais le goût, ma peau redeviendrait normale, mes cheveux seraient normaux, tout ce qu'on retrouve en arrêtant de fumer. Et mince, qu'est-ce que je pourrais faire ! Ah ! pouvoir porter de nouveau les vêtements de tout le monde ! »

Le fait d'arrêter de fumer et d'avoir maigri a eu sur mon esprit des conséquences énormes, insoupçonnables. C'est à cela qu'il faut penser plutôt que de lorgner sur la balance. Car la balance, elle fluctue. On sait qu'il ne faut pas attendre les résultats dans la première semaine, ni dans la deuxième. Il faut savoir qu'il s'écoulera un certain laps de temps ingrat. Mais, quand on a passé dix ans avec sa graisse, on peut patienter trois mois.

*

*   *

Qu'on ne me dise pas que c'est au-dessus de la volonté des hommes. Moi, je n'ai pas beaucoup de cette force-là. Je pense que la volonté à l'état pur n'existe pas. Il s'agit de prendre une décision et de s'y tenir. C'est comme lorsqu'on fait la tête. On décide de ne pas parler. Et le premier qui parle a perdu ! Il faut se rappeler ce jeu d'école. Ce n'est pas plus difficile que ça. Et on arrive à tenir longtemps quand on a décidé. Il faut un peu s'observer mais il ne faut pas de volonté. Eh bien voilà, le premier qui allume une cigarette a perdu. En somme, c'est le moi qui dit au surmoi : le premier de nous deux qui fume est vraiment un minable, était donné que le surmoi est le fumeur. Un pari avec soi-même. On gagne un pari tous les jours. C'est un plaisir de se lancer un défi. Et qu'est-ce que ça coûte une fois qu'on est parti de se surveiller ? Je ne me pèse plus qu'une fois tous les trois jours, mais je me surveille. Si un jour j'ai trop mangé, je diminue le lendemain. Ce n'est rien du tout. C'est un équilibre.

*

* *

Il n'y a pas de miracle en psychanalyse, mais c'est un merveilleux moyen pour s'initier à rentrer en communication avec soi-même. C'est un fil qui relie le moi au surmoi et qui vous apprend à dialoguer avec vous-même, à chercher le pourquoi de la répétition des comportements. À partir du moment où le débat est ouvert en soi, sans le secours du psychanalyste, les choses iront très vite. Il est certain que si je n'en étais pas arrivé à ces déductions, il m'aurait été beaucoup plus difficile, voire même impossible d'arrêter de fumer, ou de maigrir.

Cette communication avec soi, peu de gens l'établissent. Ils n'ont pas peur d'une tierce personne pour parler, mais ils redoutent le face-à-face avec eux-mêmes. Parce que là, on ne peut pas se mentir à soi-même. Alors, ils mettent entre eux tous les écrans : le travail, le temps qui passe, la vitesse des choses, le stress, tout pour ne pas se retrouver seul. Tous les hobbies sont des cache-poussière pour celui qui a peur de rester inoccupé pendant ses loisirs et qui va faire, qui du cheval, qui de l'aviation. Je ne parle pas de ceux qui pratiquent ces activités modérément parce qu'ils aiment ça, mais de ceux qui sont atteints de hobbies, tous ces gens qui ne veulent pas rester seuls avec eux-mêmes et dialoguer avec eux-mêmes. Se parler, c'est la seule chose, à mon avis, qu'il est indispensable de faire dans l'existence si l'on veut progresser. Engager la conversation avec soi, les hasards de la vie auront beau vous frapper, vous serez en mesure d'y faire face.

Si on apprenait pendant les trois ou quatre premières années de la scolarité – ne comptons pas l'école maternelle – le fameux « connais-toi toi-même », si l'on enseignait cette méthode, cela éviterait mille et un problèmes. Je ne comprends pas pourquoi on aborde si tard la philosophie. On peut très bien se mettre à raisonner dès l'âge du cours moyen. C'est très facile. On pense toujours à l'ouverture sur l'extérieur pour les jeunes enfants : que deviendront-ils, où iront-ils ? Mais on oublie l'ouverture sur l'intérieur qui est la plus importante. C'est un cadeau extraordinaire que de pouvoir se développer de l'intérieur. Personne ne se sert de cet imaginaire-là.

L'Éducation nationale tend à faire de tous les élèves des extravertis, à projeter les individus vers l'extérieur pour qu'ils ne s'occupent pas d'eux-mêmes, pour les détacher d'eux-mêmes. Rien n'est résolu à l'intérieur. Pourquoi attendre la classe de philosophie pour éveiller les jeunes esprits à ce problème ? Qu'est-ce que d'absorber tous les jours des choses qui font du bien ou du mal et de les rejeter ? Comme on sait que les jeunes fument de plus en plus tôt à l'école, à dix, à onze ans, pourquoi ne pas les faire réfléchir au rôle des adjuvants, des excitants, des stimulants, des dopants, dans la société ? Les décoctions existent depuis la nuit des temps. Elles étaient réservées à la fête, à l'initiation, au passage. Maintenant, elles sont prises anarchiquement, dans les coins.

Si on en parlait aux jeunes, en leur expliquant l'histoire du vin, l'histoire des drogues, cela les intéresserait. Mais on n'ose pas mettre cela au programme.

*

* *

La compétition entre cadres, le culte du travail, la boulimie, la tabagie, la médicamanie, tous ces comportements excessifs me paraissent correspondre à une conduite d'autopunition. Comme on a éradiqué la variole, on devrait, dans notre société, éradiquer la notion de péché.

On a fait l'expérience de montrer à un groupe de terribles photos du cancer du poumon. Il est apparu que la réaction des gens n'était absolument pas modifiée, les plus grands fumeurs disant : « On a le droit de choisir sa mort. » On relève cette réaction chez les jeunes à propos de l'usage des drogues. Nonobstant nos campagnes de télévision appuyées par voie d'affiches, la consommation s'est accrue en France. Elle commence plus jeune et les fumeurs invétérés ont augmenté leur nombre de cigarettes. On peut donc parler d'autopunition assez grave, de forme suicidaire.

Toute la médecine est d'accord pour dire que le tabac, c'est la porte ouverte au cancer, et dans un pourcentage effrayant. Il n'y a plus un fumeur sur terre qui ignore que l'abus du tabac – c'est même marqué sur les paquets – est dangereux, je dirais même mortel. Avec une tête de mort. Ça ne change pas. Combien de fois ai-je entendu : « Moi, j'aime mieux vivre moins longtemps mais ne pas m'emmerder. » Les gens se mentent lorsqu'ils disent cela. Ils n'aiment pas l'idée de vivre moins longtemps. Il suffit de voir les malades à l'hôpital, ils veulent aller au bout de leur vie, ils veulent tous dépasser cent ans. Ils veulent vivre, ils veulent marcher, ils veulent courir, ils veulent faire l'amour. Or, le tabac tue les cellules nerveuses et ce sont les seules cellules qui ne se reproduisent pas. C'est bien simple, quand on arrête de fumer, pour se retrouver tel quel, il faut cinq ans. Et je ne suis pas sûr qu'il n'y ait pas encore quelques séquelles qui traînent.

Une même culpabilisation explique la surcharge pondérale. Les comportements des obèses sont aussi autopunitifs. L'artiste qui a trente kilos en trop pleure sur lui-même. « Je n'ai pas pu devenir danseur, je ne peux pas être un jeune premier, regardez comme ce corps est gênant. » On peut très bien se mettre de la graisse pour justifier sa non-réussite. Je connais un garçon qui s'est laissé gonfler pour pouvoir dire : « Qu'est-ce que tu veux que je fasse avec un corps comme ça ? » Et telle grosse : « Comment voulez-vous que je sois une vraie femme, regardez mes cuisses. Comment voulez-vous que je puisse me faire aimer des hommes, regardez comme je suis ! » Ce n'est pas de sa faute à elle, c'est la faute de la graisse. J'ai entendu cent millions de fois : « Ce n'est pas de ma faute si je fume, c'est la faute de la cigarette ! » On s'invente un coupable. Vous pouvez aider les gens si vous leur dites qu'une des façons de guérir, c'est de chercher le vrai coupable en soi-même.

Tous les médecins ont constaté que la graisse se met en de curieux endroits et qu'elle sert à obstruer certaines parties où les femmes ont des problèmes. La graisse sur l'estomac est différente de la graisse sur le ventre. Il est difficile de faire l'amour quand on a un gros ventre. Quand on est gros, on pèse trop lourd pour monter sur les dames. Là aussi, il faut chercher honnêtement la raison de s'être doté d'une enveloppe de graisse et surtout ne pas être autopunitif. En trouvant le coupable, il ne faut pas le punir, il faut l'aider à s'en sortir. Je ne dirais pas le coupable, je dirais le responsable. Qui est vraiment le responsable ? La cigarette ou le fumeur ? La graisse ou le mangeur ? On s'apercevra très vite que c'est moins une question de volonté que de bon sens. Tout le monde en est doté. Un simple raisonnement né de sa propre déduction issu de soi-même, met sur la voie. On découvre pourquoi on s'acharne à se détruire, pourquoi on s'en veut tant et on cesse de se nuire en accusant les autres.

Je me suis rendu compte que la perte de vingt et un kilos n'aurait pas été possible si je n'avais pas appris antérieurement à m'interroger, à raisonner sur moi-même, à me tenir une conversation. Il est presque autant nécessaire d'être analysé pour réussir cette expérience, mais il est certain que pour le faire dans de bonnes conditions, rien ne vaut d'avoir appris le dialogue avec soi-même. Appris à se réconcilier avec soi-même.

Je n'exerce pas comme thérapeute, mais je prétends que si l'on m'amène un fumeur invétéré et qu'il ait envie de rompre avec le tabac, si moi je le prends, non pas en analyse mais en séances de réflexion, je le fais arrêter de fumer. De même, je fais maigrir qui je veux, à condition que les personnes aient un minimum de bonne volonté et un minimum de culture, un minimum de pouvoir d'imaginaire, exigés par la psychanalyse. On ne peut pas psychanalyser un bœuf, mais à une personne d'imagination moyenne, le conseiller peut très bien expliquer la motivation de son obésité ou de sa façon de fumer, le degré du mal et le moyen de le circonvenir. Finalement, j'ai mesuré le mal, j'ai pris conscience, et puis j'ai agi. Il faut rechercher, du plus loin qu'il nous en souvienne, et c'est là où une tierce personne est utile. Depuis quand fume-t-on ? À quel moment fume-t-on ? Pourquoi s'est-on mis à fumer ? Il faut essayer de comprendre quels rapports il y a entre le fumeur et son tabac. Les rapports sont divers. Ça peut être la timidité, la sexualité, pour emmerder maman, etc. Une fois qu'on a établi la cause du pourquoi je fume ou du pourquoi je suis gros, on s'aperçoit que ces raisons-là ne tiennent pas à l'examen et on les élimine une à une. Il n'y a pas d'autre méthode.

Ce que je dis est valable pour tout ce qui encombre un homme ou une femme. Expliquer aux gens le plus simplement du monde comment s'adresser la parole, ce n'est pas évident car dans notre civilisation les gens confondent très souvent l'analyse avec le culte de soi. Nos religions nous incitent à nous négliger sous peine de péché d'orgueil. C'est le contraire qu'elles devraient enseigner. S'intéresser à soi complètement. Se prendre dans ses bras, regarder qui l'on est. Pourquoi est-on devenu fumeur et gros ? Il est important de le savoir.

C'est en se parlant à soi-même qu'on évolue. Un jour, je discutais de l'œdipe avec une dame qui avait trois garçons et celle-ci, une femme du meilleur monde, m'a dit : « Mes enfants sont bien élevés, monsieur, ils n'ont pas d'œdipe ! » Tout le monde a un problème œdipien, plus ou moins sévère. Il conditionne vraiment les individus, plus les hommes que les femmes d'ailleurs. Ne pourrait-on pas, dès le départ de la scolarité, bien situer l'enfant en lui expliquant que le père, c'est un titre, la mère c'est un titre, mais que le père est également un homme et la mère avant tout une femme ? Ce sont des individus comme les autres, à l'exception du fait qu'ils nous ont mis au monde. Ce n'est pas très difficile d'expliquer à un enfant que la maman est une femme et que le papa est un homme. Si déjà on essayait d'expliquer ça, si on essayait de supprimer la cause des grands désordres de l'adolescence en s'y attaquant le plus tôt possible. En plus, cela a une importance énorme sur le comportement avant que n'apparaisse le désir, la sexualité. Ne pourrait-on pas trouver un langage que les enfants puissent assimiler – il y a des experts pour cela – et annihiler par avance les effets de l'œdipe ? Ce serait déjà un beau résultat si on arrivait à présenter un enfant en bon ordre au seuil de sa vie d'adolescent. Est-ce que l'école est seulement le lieu où l'on acquiert un savoir, la table de multiplication ? Est-ce que l'école ne devrait pas être un endroit où l'on arme les enfants pour lutter contre la vie ? Ne revient-il pas à l'école de leur donner un maximum de chances ?

21

Êtes-vous accro au travail ? Vivez-vous au jour le jour ?

Ma devise : lève-toi une heure avant les autres. Sans obligation ni but lucratif. Il ne s'agit pas là de se lever de bon matin pour se rendre à son travail ou pour étudier un dossier. Tant d'hommes publics ne sautent au bas de leur lit qu'avec le ressort de leur ambition, se répétant le proverbe : « L'avenir appartient aux gens qui se lèvent tôt. »

J'aime m'éveiller quand toute la maison dort encore. Je peux alors vivre à ma guise cette heure de solitude. C'est la seule façon de bien me préparer à la journée que je vais passer avec les autres. Non, je ne me lève pas avec l'idée de gagner, de conquérir, de réussir une nouvelle émission. Les gens qui ne disposent plus de temps pour vivre avec eux-mêmes sont en perdition. Si l'on a des ennuis, des soucis, on les appréhendera après cette heure « hors du temps ». Une heure à soi pour se rendre dispos et sans référence professionnelle, politique ou culturelle. Je considère que l'heure d'attaque sera la deuxième heure de la journée.

J'ai un lit bas. Je dors très près du sol. Pour me redresser, je n'ai pas à descendre, je n'ai qu'à rouler. Si l'on a observé quelques règles d'hygiène élémentaires, on a tout naturellement un réveil simple. J'ai connu des époques où je m'étais négligé et où me sortir du sommeil était toute une affaire. On se réveille bien si l'on a bien vécu la journée d'avant. Je considère que l'on est débarrassé de la nuit au contact de l'eau. C'est quelque chose de sacré. « Allez boire à la fontaine et vous y laver », dit l'Évangile. La première chose que je fais en me levant, c'est de me passer de l'eau sur le visage. L'eau coule, on met ses deux mains en bénitier, on se les passe sur le visage. Un très joli geste. Je trouve que c'est un geste religieux.

Je vais marcher mais je ne considère pas ça sous l'angle sportif. Je vais renouer avec quelque chose que je sens au fond de moi, je vais réveiller l'être intérieur. Ce n'est pas marcher pour perdre du ventre, je vais devant moi. Une fois en mouvement, je me laisse aller à mes rêveries et comme dans le bois, nul ne me voit, sauf les gens qui me croisent, je chante à haute voix. Je trouve que l'on n'insiste jamais assez sur le côté thérapeutique du chant, même pour ceux qui chantent faux. C'est un exutoire. De toute façon, comme on s'est levé une heure avant les autres, personne ne vous entend. Chanter rétablit l'équilibre et déclenche des résonances au fond de soi. Il faut chanter, se parler, laisser aller ses mouvements et surtout ne pas chercher à faire une compétition.

Ayant la chance d'habiter à proximité d'un bois, je fais toujours le même parcours, au printemps, en automne, en hiver. Si on habite en ville, on peut choisir un circuit dans des rues pas trop fréquentées de façon à ce que l'on n'ait pas l'esprit distrait. Heure capitale qui me donne l'avantage d'avoir toujours une heure d'avance dans une journée. Les autres en se réveillant plus tard, ne rattraperont pas la foulée du lève-tôt.

Au bout d'un moment, si on fait toujours le même circuit, on ne regarde plus le paysage, on est donc obligé de regarder à l'intérieur de soi. C'est parfait, car on peut exprimer ce que l'on veut : la colère si on en a éprouvé la veille, la joie si l'on en a, la mauvaise humeur qu'il faut libérer.

Je ne fais aucun effort physique. Les gens que je croise me disent : « Il faut courir. » Allez-y si vous êtes pressés, pas moi. Je marche à ma mesure, et puis je coupe ce trajet de trois kilomètres en deux étapes et m'arrête dix minutes dans un endroit où je passe inaperçu et là, je fais ce que j'ai envie de faire, quelques mouvements ou rien. Il n'y a aucun chamanisme là-dedans. Je ne me tourne pas plus vers une nature que vers une autre. S'il fait beau, je me tourne face au soleil.

*

* *

J'aime la vie. Elle est pour moi une… envie. Je l'aime de fond en comble. Mais sans musique, l'existence n'est pas une vie. J'adore aussi bien la musique de variétés que la musique classique. D'ailleurs, l'autre partie obscure de ma vie se passe dans les lieux de concert.

J'écoute tous les matins Stéphane Grappelli parce que je trouve qu'il est éternellement jeune et que sa musique l'est aussi.

*
* *

Je souhaite lever le pied le plus tard possible. Pourquoi baisser le rideau ? Ce ne serait pas en tout cas pour m'arrêter de travailler. Si je ne fais plus d'émissions, je ferai autre chose, j'écrirai, je voyagerai, j'ouvrirai un restaurant. Je ne vois pas pourquoi, à un certain âge, on n'a plus le droit de vivre comme à vingt ans. Et moi, je veux vivre en travaillant.

22

Tous les matins, au bois de Boulogne, vous balisez votre chemin comme un lion son territoire. Avoir des ailes, vivre en apesanteur, c'est votre rêve ?

Dans le bois, chaque matin, j'avais balisé mon chemin en plantant par intervalles des bâtonnets blancs. Devant une pierre, je m'étais fixé une halte et debout, la tête orientée vers le soleil, j'inventais ou redécouvrais des gestes simples et précis que la gymnastique n'enseigne pas. Un jour, j'ai déchiffré l'inscription qui était gravée sur la stèle. « À Santos Dumont » ! Je m'exerçais à me libérer de ma pesanteur devant un homme qui avait voulu s'élever dans les airs et qui avait voué sa vie à l'accomplissement de ce désir.

Cette quasi-certitude m'habite : ne serait-ce pas la seule aspiration commune à tous les êtres humains que d'échapper à leur pesanteur, de sortir d'eux-mêmes naturellement, sans magie ni mystique ? La position des hommes stylites, passant leur vie juchés sur un fût de colonne, ne me paraît plus du tout perversion de funambule. Chacun cherche le « passage », le degré pour s'élever. Cela ne se partage pas. On est seul pour s'élever comme pour naître et mourir. Pour ces trois moments de la vie, le voyage à deux n'est pas possible. Icare sans complexe. Le projet est actuel.

On n'en a retenu que la chute. Comme si on voulait dissuader l'homme de se libérer, de se dépasser au nom de cette morale : qui veut s'élever, retombe. Il est vrai que l'état de grâce ne dure qu'un temps. Mais retoucher terre n'est pas mortel. On s'en relève et on a le loisir de recommencer à décoller.

Entre naître et mourir, l'homme est sans doute conçu pour planer périodiquement : il connaît ainsi les plus beaux moments de sa vie.

Oui, j'aspire à retrouver cet état de grâce, à perdre ma pesanteur pour ressentir à nouveau la légèreté d'être et la joie de vivre, dépouillé de tout ce qui n'est pas essentiel. On y parvient par une ascèse qui n'a nul besoin de calices et de crucifix, et qui est plus proche de François d'Assise que de Thérèse d'Avila. Pendant trois mois, j'ai connu ce bonheur intense, délesté de toutes les peurs. Je portais un corps de lumière à l'image de mon âme réjouie. La terre était le paradis. L'Au-delà, c'était ici. Dans mon travail, je passais tous les obstacles sans peine, ouvrant la route jusque dans les terrains les plus minés. On m'accordait ce que je demandais, même les gestionnaires et les financiers jouaient les oiseleurs. Les saltimbanques me suivaient, les géomètres contresignaient mes plans. La nuit, j'aurais voulu ne pas m'endormir pour ne pas abréger cette allégresse. Sans user des techniques de l'Orient, j'avais trouvé ma propre aérodynamique. Chacun peut la découvrir en soi en balisant sa piste de décollage selon un rite personnel.

Mais voilà, quand on évolue en apesanteur, on a des gestes incontrôlés, les mouvements s'amplifient, on fait des dégâts en décollant par un appel du pied trop brutal, ou en atterrissant. Il vous a poussé des ailes et celles-ci se cognent aux portes trop étroites, heurtent les routines… On blesse les proches si on n'y prend pas garde ou on les fait fuir. C'est ce qui m'est arrivé.

La prochaine fois, je saurai voler tout en marchant sur la terre.

*

* *

Le bonheur n'est pas un état stable. Il est un atome de silence ou de musique. Ce serait inquiétant s'il y avait un bonheur établi. Le bonheur, c'est quand l'on refait le monde à quatre heures du matin avec des copains, c'est l'amour, un geste doux entre le père et le fils. Le bonheur est un moment vrai mais c'est une fulgurance.

Le plus grand choc de ma vie a été la mort de ma mère. Le reste, c'était de la petite bière. Ma vie privée n'est pas agitée… Ce sont les autres qui s'agitent autour de moi. Moi, je demeure stable. Je ne suis pas d'un tempérament changeant. Mais je dois déranger à certains moments. Je ne suis pas facile à vivre. Personne ne l'est. Et surtout dans ces métiers où si l'on n'y prend pas garde, on finit par se prendre pour Napoléon. Il faut absolument établir une barrière solide entre le métier de comédien et l'homme. Dieu merci, je ne me prends pas pour Napoléon.

*

*   *

J'aime les Français de six à douze ans, et à partir de soixante-dix ans. Ce qui me touche chez les adultes, c'est la part d'enfance qui reste en eux. Et la psychanalyse n'y change rien. « Les adultes, note Jules Renard, nous correspondent : un sérieux affecté qui aboutit en fin de compte à une paralysie morale des muscles de la face. » Je n'aime décidément pas les grandes personnes.

Prière

Ce Protée généreux qui a intrigué et déconcerté, irrité et séduit, fut comme les champions à la fois fort et fragile. Il se disait lui-même un « soldat de porcelaine ». Battant, il souffrait de blessures qui parfois lui faisaient mal. Populaire et secret, célèbre et méconnu. Doué pour le bonheur et révolté, bien dans sa peau et écorché vif. Toujours placé au hit-parade des animateurs et au demeurant inclassable.

Il fut le soldat de porcelaine qui déclare la guerre à l'ennui et à la bêtise. Laissons-le conclure par cette phrase de résilience :

« Et prions, mes frères pour que Dieu ne me fasse pas la plaisanterie de m'apparaître sous les traits de mon enfance. »

Il a enfin trouvé son apesanteur, ce Jacques qui nous veut du bien.

Cet ouvrage a été imprimé par

CPI
Firmin Didot

Mesnil-sur-l'Estrée

pour le compte des Éditions Florent Massot
en septembre 2008

Imprimé en France

Dépôt légal : septembre 2008
N° d'impression : 91726